本番で差がつく 剣道のメンタル強化法

本番で差がつく。剣道のメンタル強化法／目次

第4章 有言実行と不言実行 105

第1章

身体よ身体よ！　こうして心をしずめる

もう十分か？　まだ十分か？

「サラリーマンは気楽な稼業ときたもんだ」と植木等が歌っていたのは、もうすっかり昔のこと。現代のサラリーマンは日々結果と成果に追われる毎日です。そんななかでサラリーマン剣士が持つ悩みは時間がないことでしょう。

昇段審査が近づいてくるなか、「稽古がしたい」「でも時間がない」とあせってくる。そして、この悩みをかかえながら今日も「時間がなかった」と稽古をあきらめて一日が終わる。しまいには、剣道のことが頭にちらつき、イライラして仕事も進まず、なんとなくやけになって帰りの道、つい一杯のつもりがいっぱい飲んでしまって……。

そこで、ちょっと考え方を変えてみませんか。それは、「リフレーミング（reframing）」という技法です。リフレーミングとは、物事のとらえ方を変化させ、考えの枠組みを変えることなのです。例えばグラスに水が半分入っていたとします。それを、「もう半分しかない」ととらえることもできれば、「まだ半分もある」と考えることもできます。同じ状況であってもそれをどうとらえるかで、状況は否定的から肯定的へと変化します。心理学ではこれを認知的再体制化と言います。

　稽古時間がないと嘆くみなさん、最初からすべて完璧にしようとしていませんか。自分が納得するくらいの時間が取れなければ稽古ではないと考えてはいませんか。そして、その考えが邪魔をして、ついつい稽古を先延ばしにしていませんか。その気持ちはよくわかります。

　でも、考えてみてください。きっとこの先も、定年するまでそんなに充分な稽古時間を確保することは難しいでしょう。仮に、定年してから思う存分稽古をしようと思っても、果たしてそのときに身体が動くかどうか保障はありません。少なくとも、時間がないと愚痴っているうちに、月日は確実に過ぎていきます。

　ずばり、こう考えるのはどうでし

ょう。今日の稽古、移動時間を考えると残り三十分。いまならまだ稽古終了まで微妙に間に合う時間。重要なのは「三十分もある」と考えること。まずは、準備運動、道具をつけて切り返しと基本打ちを大急ぎで済ますと、残り十分くらいかもしれません。しかし、十分あれば少なくとも地稽古が二本くらいはできるでしょう。もし自分と同じように遅れてきた人がいれば、稽古相手になってくれるかもしれませんし、あるいは、道場の稽古がいつもよりちょっと長引いているかも。そんなサプライズを期待しながらも、とりあえず道場をめざす。

そう考えると気持ちが軽くなります。十分は短いようで長いですよ。一般の試合時間二試合分ですし、昇段審査の時間で考えると、いったい何回分になるでしょう。ちなみに十分を週三回やったら一ヶ月で二時間です。これを一年間に換算したら、三十分の稽古を四十八回したことになります。この「十分だけ稽古」でも、するとしないでは明らかに違うでしょう。なにより気分が違います。帰りの電車のなかで、少しもの足りなかったけれど充実した数本の稽古のことを思い出すとき、きっと「次はもっとこうしよう、ああしよう」と、わくわくした気持ちになるはずです。

考え方が変われば行動が変わる。行動が変われば世界が変わる。大事なのは「十分だけでも」「稽古一本だけでも」の気持ちとその積み重ねです。長い剣道人生です、コツコツいきましょう。

「できる」と思うと「できた」が増える

はじめて自転車に乗れた幼少のあの日のことをおぼえていますか？　子どもの頃、自転車に乗れるようになることは、まったく違った新しい世界に足を踏み入れることでした。

早く自転車に乗れるようになりたくて、必死に暗くなるまで練習を続けた気がします。何度も転んだり、倒れたりしながらの格闘の末、「あれっ！」「なんだ？」という一瞬の〝おどろき〟や〝ひらめき〟とともに、うまく乗れそうな「きっかけ」が姿を現し、その「きっかけ」を感じながら何度か挑戦をくり返すうちに、いままでの苦労がうそのように自転車が進んで…。これが「できた」瞬間であり、成功体験なのです。

剣道の習得過程もこの自転車体験とよく似ています。たとえば、だれもが持っている得意技です。得意技が生まれた背景には、もともとなんらかの「きっかけ」と「成功体験」があったはずです。「きっかけ」は試合中にたまたま当たった一本かもしれません。生まれた状況はさまざまですが、そのきっかけを自覚してからは、さらにその技を何度もくり返し、見事に決まる成功体験を重ね、結果、自信が持てる得意技となるのです。

これを心理学では、「自己効力感（self-efficacy）／セルフ・エフィカシー」の理論とよん

でいます。自己効力感理論とは、アルバート・バンデューラ（Bandura, 1977）という心理学者が提唱したもので、この自己効力感とは、すなわち「できる」という見込み感のことです。

バンデューラによれば、たとえ同じ体力や能力を持っていても、ある困難な課題に対して、「できる」と考えて挑戦した人と、「できない」と考えて挑戦した人では結果が変わるというのです。つまり、できると考える方が、できないと考えている人よりも課題を達成する確率がぐんと上がるのです。そして、課題を達成したという成功体験により自己評価は上昇し、それからは、より困難な課題に対しても意欲的に挑戦できるようになるのです。

この自己効力感の理論を剣道に当て

はめた場合、普段の稽古への取り組み方を考える大きなヒントになります。大切なのは、稽古中に技を出すとき、「どうせ、当たらないだろうな」「わたしが面を打ったらきっと相手は小手を押さえるだろうな」という気持ちで打つべきではないということです。そういう気持ちは、みすみす上達するチャンスを減らしているといわざるを得ません。課題を克服できる日がいつ来るかはわかりませんが、「できる」と思って取り組まなければ、ますますそのときは遠ざかるのです。ですから、稽古を始める前には、「今日はいい稽古ができる」「いい一本が決まる」という新しく強い気持ちで稽古に挑むほうが、すばらしい進歩を生む可能性が高まることに間違いありません。

たとえ、今日はうまくできなくても、明日はできるかもしれませんし、まだ充分とはいかないまでも、「あれっ！」というきっかけをつかむことができるかもしれません。きっかけとは、言い換えれば、〝ごく、小さな成功体験〟のことです。この細かい点のような成功体験を地道に集めることによって、結果として自信という一本の太い線にたどりつくことができるでしょう。

大事なのは、「できる」と思って挑戦すること。そして、自分自身の小さな成功体験をきちんと評価してあげること。でもどうします、今日の稽古でできちゃったら！

次につながる失敗つながらない失敗

防具ってこんなに重かった？　審査に落ちたときの防具の重いこと重いこと……。口から出るのは「はぁ」というため息だけ。試合や審査だけでなく、稽古でも我々はたくさんのうまくいかないことを経験しています。それを失敗と呼ぶならば、我々の日常は失敗だらけです。

では、失敗と成功を分けるものとはいったいなにか。それは、その失敗を次に生かせるかどうかです。失敗から得られた情報を生かしたとき、その失敗は成功のための「いい経験」に変わります。でも失敗をそのままにしてしまえば、いつまでも失敗のままです。「いい経験」とは必ずしも楽しいものとは限りません。むしろ、つらかったり苦しかったりするほうが多いはず。失敗とは自分が新しい自分に変わる（自己実現する）ための過程であり、ときに立ち止まっていまの自分を振り返るために神様がくれた大きなチャンスなのです。

失敗や成功などの出来事について、客観的に反省することを心理学では「評価（evaluation）」と呼びます。この評価によって、次のステップにどのように進むかをより具体的に決定づけることができ、評価の仕方次第で成功への距離がグンと近づくのです。

ですから、昇段審査後に、「いやぁ、今日は相手が悪かった」の一言で終わらせてしまうことは、上達のチャンスをみすみす失うことと言えます。評価のタイミングと方法について話を進めましょう。

まずは、評価のタイミングについてですが、記憶とは生もので鮮度が重要です。試合で負けた、審査に落ちた、稽古で打たれた、いずれの場合でも、できるだけ早くその現象について反省することがポイント。もともと人間には防衛機制が備わっていて、つらいことを思い出すのを本能的に避けたり、後回しにしたりします。

ですが、あなたは三日前の稽古でなにを考えたか思い出せますか？

きっと、確実に思い出すことは難しいはずです。人間の記憶とはそんなものですから、反省は記憶が新しいうちに、しかもできるだけ具体的に記録することが重要なのです。

次に、評価方法のポイントは、「良かったことと悪かったことを区別し、両方を評価すること」です。往々にして反省とはマイナス面のみに注意が向けられますが、重要なことはマイナス面だけでなくプラス面をしっかり探すこと。もちろん、思ったような結果が出なかったときには、マイナス面のほうが上回る場合が多いものですが、部分的には良かったこともきっとあるはずです。プラス面はすでにできていることですから、次回もそれができるようにしっかり認識し自信につなげるべきです。

一方、マイナス面は、それを明確にし、その部分だけを切り取り、集中してくり返し練習する。それによって、苦手なことが得意に変わる可能性が出てきます。「いいことがなにもなかったら」って？　そんなことはあり得ません。だって、自分と向き合って評価している取り組み自体がすでにプラスなのですから……。

もちろん、うまくいかない日もあります。そんなときは、ひとしきりグチって、落ち込んで、その後は「さあ」と両ひざをポンとたたいて気持ちを切り換えましょう。

そして、もう一度粉々になった自信を一から積み上げようではありませんか。いつか「失敗」が「いい経験」に変わる日のために！

集中力はつくるものだ。あなた流にあなたらしく

「集中力」とは最高のパフォーマンスを発揮するために、非常に重要な能力であることを多くの人が知っています。ですが、「集中力がいったいどのようなものか」と尋ねられると、ちょっと考えてしまいます。

「集中力」という概念は心理学では、「注意（Attention）」にもっとも近い専門用語として認識され、スポーツ心理学者の徳永（一九九六）は、「集中力とは自分の注意をある課題や対象物に集める力」と「それを持続する力」と定義しています。

また、生理心理学的にみると、集中している状態とは、なにかに没頭しているときであり、α（アルファ）波という脳波が検出され、瞑想《めいそう》にも似た、まさに心身の調和がとれた状態といえます。剣道用語の「無心」そのものなのです。ですが、実際にその状態を自由に生み出すことはなかなか困難であることもたしかです。それだけに日々の稽古や試合・審査などの場面で集中力を高めるポイントを知ることが重要です。

それでは実際に集中力を向上・持続するための対策について考えていきましょう。表1は、これまでの研究から明らかになった集中に関しての具体的な状態と集中を高める対策をまと

集中している状態	集中が切れる状態	集中力を高める対策
①いい打突が決まる	①体力的についていけなかった時	①具体的な目標を決める
②単純なミスがない	②勝敗がはっきりし始めた時	②「きっかけ」になる言葉（セルフトーク）を用いる
③最後まで相手の動きや剣が見えている	③技術の差が歴然としている時	③プレイのパターン化を図る
④重要な局面での打突や試合は確実にとる	④暑さ、寒さ、床の堅さなどの環境に違和感がある時	④最悪の状況を設定して練習する
⑤相手との剣の攻防のみに没頭している	⑤不運や失敗が連続する時	⑤プレッシャーを設定して練習する
⑥苦痛、疲労、不快なことを気にしていない	⑥審判の判定や観衆に対する不満を持つ時	⑥注意の切り換え、疲労や苦痛から注意をそらす練習をする
⑦相手の動きを読んでいる		⑦普段から集中した動きを意識する
⑧感情的になっていない		
⑨最後まであきらめない		

表１　稽古や試合における集中の状態、集中が切れる状態および対策
（徳永1996が作成したものを剣道用に改変）

めたものです。きっと、これまでの自分を振り返って思い当たることがあるはずです。この中でも、今回は稽古や試合においてすぐに実践可能な二つのポイントを紹介します。

一、プレイのパターン化

相撲の〝しきり〟のように、いくつかの動作を順につなげていくことにより集中力を高めていく方法は、「儀式化」や「ルーティン化」とも呼ばれます。イチロー選手はバッターボックスに入り、ピッチャー方向にバットを向けて、ユニフォームの肩口をつまみながらゆっくりとバットを構えます。彼はこの一連の動作を通して集中力を高めています。

また、プロゴルファーのパットする前の動作、バスケットボール選手

のフリースローを投げる前の動作など、トップ・アスリートは毎回集中力を高めるために同じテンポで同じ動きをします。そこで、「素振りをして→肩の力を抜いて→力を下腹に落として→身体の中心に竹刀をおいて→さあいくぞ！」という具合に、集中力が乱れてきたと感じたときの自分なりの動作パターンを普段から決めておくといいでしょう。

二、きっかけとなる言葉（セルフトークの活用）

よくテニスのプレーヤーが試合の途中でラケットのガットを指でていねいに直すシーンを見かけませんか。これは、ラケットのガットを見ながら、いくつかのきっかけになる言葉をつぶやき、集中力を高めているのです。これを、セルフトーク（自己会話）と呼びます。集中力が切れてきたときに、あらかじめ自分で決めた部位（細かいポイントがいいとされる）を見ながら、「さがらない」「リラックス」「心を落ち着けて」「強気で！」などの短い言葉を何度もつぶやく。そして同時に否定的になりそうな感情を、よりポジティブ（積極的）な感情へと変えていくことが大切です。

以上、集中力のつくり方のポイントを二点紹介しましたが、集中の仕方は人それぞれ異なります。ですが、一流選手は皆、自分なりの集中の方法を持っています。言い換えれば、どのような状況においても集中を乱されない対策を準備しているということです。あなたも、自分なりの集中の方法を準備してみませんか。集中力とはつくるもの。あなた流にあなたらしく。

明確な目標を設定。マンネリを打破する

剣道の稽古において、どんなにすばらしい剣士であっても、ただ漠然と毎回決められた稽古内容を実行するだけでは、どうしてもマンネリ化してしまいます。「マンネリ(mannerism)／マンネリズム」とは、思考・行動・表現などが型にはまり、新鮮さや独創性がなくなることです。

このマンネリを打破するために重要なことは、「目標設定(Goal-setting)／ゴールセッティング」です。目標を持たずに努力を続けることは、出口の見えない真っ暗な森を延々と歩くようなもの。そんななかでの目標とは、暗闇の向こうに見つけた一筋の光なのです。

目標は長期・中期・短期に分けて設定し、いずれも現実味のあるものでなければいけません。あまりにも現実とかけ離れた目標は、かえって無気力を招きます。がんばったらなんとか達成できるレベルに目標を設定することが重要です。

目標設定ができたら、次に「稽古計画の作成」を行ないます。ポイントは、目標までの期間をいくつかのピリオド(区切り・段階)に分割し、その中での目標や稽古内容をさらに詳細に決定することです(例①一年＝四ヶ月×三→②四ヶ月＝一ヶ月×四→③一ヶ月＝一週間

×四)。たとえば「一年後の昇段審査に合格する」という長期目標を設定すれば、次に一年間をいくつかのピリオドに分割し（四ヶ月×三)、中期目標を設定します。仮に、この中期目標のひとつが「対応技の強化」だとします。さらに、この四ヶ月（十六週）を一ヶ月（四週）ずつに分割し、短期目標を設定します（「面に対する応じ技」「小手に対する応じ技」「返し技」「抜き技」など)。

サラリーマン剣士の場合、稽古時間は充分にとれないのが現状でしょう。週二回のペースで稽古をしても、一ヶ月で八回。八回の稽古で目標課題を達成するためには、「マンネリだ」なんて言っている暇はないはず。稽古の質を上げるために重要なことは、今現在すべきことが明確になっているかどうかです。

もちろん、前記は一例です。実際には、自分に合うようにピリオドの構成や目標を変えて稽古計画を作成してください。

作成した稽古計画の効率を上げるためには、一回の稽古をマンネリ化させないことが大切です。このポイントは、稽古内容に「変化をつける」ことです。基本的にはいくつかの稽古メニュー・パターンを用意して、それをローテーションしながら実行することが有効ですが、その他にも①普段の稽古メニューの順番を逆にする、②曜日によって稽古内容を変える、③稽古の場所や時間を変える、④出稽古によって稽古相手を変える、⑤剣道以外のトレーニングと組み合わせるなど工夫次第でさまざまアレンジが可能です。

みなさんは、二〇〇二年から二〇〇五年にかけて大活躍した格闘家ボブ・サップを覚えているでしょうか？　彼のトレーニング術はとてもユニークで、その一つを紹介します。それは、トレーニング・メニューが書かれたカードを数枚準備し、そのカードをトレーニング前にだれかに引かせるのです。どんなトレーニングが出るのか、それは他人が引くカード次第というわけです。そんな遊び心のあるトレーニング術も、マンネリ防止のヒントになるかも知れません。

また、いつも話し合える稽古パートナーがいることも有効でしょう。独りでなくだれかと一緒だったら、うれしさや苦しさを共有できますからね。「昇段審査合格計画」とタイトルを付けたノートを見ながら稽古計画を考えるだけできっと意欲がわいてくるはずです。ですが、くれぐれも近所の居酒屋などで稽古計画を立てないように。とてつもなく壮大でハードな目標設定と稽古計画になってしまいますから。

昇段審査は運動会。タイムマネジメントのすすめ

あなたは昇段審査に臨むにあたり、どのような取り組みをされていますか？　もし、なんの準備もせずに受験しているならば、この機会に「審査に臨むまで」を考えてみませんか。

剣道の昇段審査は、慣れない場所、それも独特の緊張感のなかで実施されます。受験者はこの特別な状況において、短い立合時間のなかで最高のパフォーマンスを発揮しなければ、審査に合格することができません。では、審査で普段の力を出すためのポイントはどんなことでしょう。

これは、子どものころに経験した運動会がヒントになります。運動会を成功させるためには、周到な準備が必要だったはずです。綿密なタイムテーブルが作成され、それをもとにリハーサルをくり返し、雨が降った場合の対処やケガ人の処置に至るまで、起こりえるさまざまなアクシデントを想定してその対策も講じられました。こうしてすばらしい運動会ができたわけです。では、審査に至るまでにはどのようなことが必要なのでしょうか？

まずは、審査についての情報収集が大切です。「審査会場はどんな雰囲気か」、「審査はどのようにして進むのか」、「会場に更衣室はあるのか」、「稽古できる小道場はあるのか」、「駅

から会場まで何分かかるのか」、「会場で稽古ができなければ周辺に体操や素振りができそうな場所があるのか」など、できる限り多くの情報を集めます。可能であれば、だれかの審査に同行して、事前に生の審査の雰囲気を体験できればベストですね。
次に、収集した情報をもとに、審査日のタイムテーブルをつくりましょう。これを、「タイムマネジメント（Time Management）」と呼びます。審査のはじまりを予測し、その時間から逆算して時間の流れを組み立てていくのです。たとえば、十時の審査開始に余裕をもって臨むためには、九時半にすべての準備を終える。そのためには、九時にウォーミングアップを開始。八時半に会場入

り。さらには、何時に自宅を出るべきか、何時に朝食をとるのか。前日は何時に寝るかというように。これは、「イメージの具体化」というイメージトレーニング手法のひとつです。

人間はとかく予想がつかないことに出くわしたり、時間に余裕がないときに、過度の緊張やあせりの状態に陥ります。そこで、時間をコントロールしてなるべくあわてるような状況を減らしていくわけです。

しかし、それでもさまざまなアクシデントに直面するかもしれません。重要なことは、アクシデントが起こることを当然のこととしてとらえ、それに動揺することなく柔軟に対応できることに他なりません。そのためには、事前に対処法を用意しておく必要があり、対応するための時間もなければいけません。

実は、審査は審査場に立つ以前からはじまっているのです。なんの準備もないままに審査に臨むことは、リハーサルもせずに運動会の当日を迎えるようなもの。であれば、周到な準備をして笑顔でゴールテープが切れる、そんな結末にしたいものですね。

言葉が変われば行動が変わる

人の考え方（思考）は、ポジティブ（積極的・肯定的・前向き）なものとネガティブ（消極的・否定的・後ろ向き）なものに大別されます。そして、よく物事はポジティブに考えることが重要であることが指摘されます。ですが、実際には「そのようにできないから困っている」のも事実なのです。

剣道においても、試合や審査中にネガティブな思考が顔をのぞかせると「最後には自分が負けてしまうかもしれない」と考えたり、「相手が強くて自分の技はなにも通用しない」と混乱したりしがちです。しかし、勝負の結末や審査の結果などは、これから起こる未来のことで、それを予知することはできません。

心理学の研究によって「こうなるのでは…」という思考は無意識のうちに行動と結びつき、その状況が現実化されやすくなることが明らかになっています。それは考え方と行動が相互に影響し合っているからなのです。であれば、先のわからないことを心配したり不安になったりすることは、わざわざみずからの力を制限し、結果を悪くしていると言えます。そこで今回は、どのようにしてネガティブな思考をポジティブな思考に変えていくのかをテーマと

して取り上げてみましょう。
　ネガティブな思考をポジティブな思考に変えていくための第一歩は、「言葉を変える」ことです。言葉にはプラス（ポジティブ）な言葉とマイナス（ネガティブ）な言葉があり、ポジティブな思考をつくるためには、ポジティブな言葉を普段から使い習慣化することが重要なのです。たとえば、お礼を言うとき、つい「すみません」といってしまうことがありませんか。「すみません」はマイナスの言葉で、これをプラスの言葉に置き換えるならば、「ありがとう」だといえます。これは、競技においても当てはまります。「負けたくない」はマイナスの言葉です。ではこれをプラスの言葉に変えるとどうな

るでしょう。そうです、「勝ちたい」になります。しかし、剣道のような対人競技では状況はもっと複雑です。なぜなら、どんなに自分がいいパフォーマンスを出しても相手がもっと充実していたならば、必ずしも「勝ち」は手に入りません。そこで、究極のポジティブな言葉は「自分のすべてを出す」になるわけです。

言葉の持つ力は、ときに想像もしない大きな力に変わっていきます。この方法はセルフ・コントロールのためのトレーニングのひとつで、世界のトップアスリートの多くがこの方法をメンタルトレーニングに応用しています。

北京オリンピックに出場した選手のインタビューをみて気づくことがあります。それは、大きなプレッシャーと強い緊張感を背負いながら挑戦するオリンピックのはずなのに、「楽しんできます」と笑顔でインタビューに答えています。「楽しむ」とは決していい加減な気持ちで競技に挑むことではなく、最後の最後まで自分にのしかかる強いプレッシャーや試練に対して、「ポジティブに真っ向から向かい合う」という意味なのです。剣道の試合や審査、あるいは強い相手に稽古をお願いする場合でも、プレッシャーは「それに挑戦する人にだけ与えられた特別のワクワク感」と考えられたら、それはポジティブな思考に一歩近づいたといえるでしょう。

イメージをつくって理想の一本を作り上げよう

我々の日常はじつは目に見えないものであふれています。こうした目に見えないもののひとつに「イメージ（image）」があります。今回はイメージを技能習得に活かす練習法「メンタルプラクティス（mental practice）」をテーマにしたいと思います。運動心理学者の杉原（二〇〇三）は、「メンタルプラクティスとは、身体をほとんど動かさず運動している状態を頭の中で想像（イメージ）することによって行なう技術練習」と定義しています。

では、いかに効果的にメンタルプラクティスを実施するかについて、以下にポイントを整理しながら解説していきましょう。

一、自分が運動しているその時の筋運動感覚をイメージする

メンタルプラクティスを行なう際は、自分が実際に運動している筋運動感覚を伴ったイメージが重要です。つまり、自分が剣道をしている様子をビデオで見ている感覚ではなく、今まさに相手と立ち合い、相手の竹刀の重みや手応え、足の踏み込みの衝撃まで、できるだけリアルなイメージをつくることが必要です。

二、身体運動と組み合わせることによって効果が大きくなる

みなさんの最大の興味は、「イスにもたれて、ただ運動イメージをくり返すだけで本当に効果はあるのか？」ではないでしょうか。現在までのメンタルプラクティス研究を総括して考えると、結論は「イメージしないよりは、はるかに効果がある」ということです。

さらに、メンタルプラクティスの効果を最大限に引き出すためには、「実際に身体運動と組み合わせて実施する」ことが重要です。ですから、稽古の開始前や休憩中などに身体の動きとともに組み合わせて交互に実施することをおすすめします。また、いい打突が出た直後には、その感覚が鮮明なうちにそのイメージを確認し、それを身体的練習につなげて定着を図ることが有効でしょう。失敗した場合には、その感覚をうまくいった時の感覚と比較し、成功した良いイメージに修正して次の身体練習につなげてください。

三、一回のイメージ想起は五分以内

鮮明でいきいきとしたイメージをつくることを「イメージ想起」といいますが、このイメージ想起には努力と集中が必要で、あまり長時間持続することは困難だと考えられています。これまでの研究によれば、効果的なメンタルプラクティスのための一回のイメージ想起時間は、五分以内に止めることが望ましいと報告されています（岡村、一九八七）。ですが、その前提として「イメージを想起する力」が求められることも事実です。イメージ想起能力には個人差があり、なかなかうまくイメージができない人もいますが、この能力は継続的な練習によって高めることが可能です。通勤の電車の中、風呂に入りながらでも、イメージ想起練習は時間と場所を選びません。さあ、うまくいかないとあせらずにリラックスして始めましょう。

以上、メンタルプラクティスを効果的に実施するためのポイントを解説してきましたが、メンタルプラクティスは初心者、上級者を問わず効果があることが実証されていて、さらにケガをしていても、稽古する時間がないときでも行なうことができます。

だれにもあります。不安と緊張を味方にしよう

剣道の試合や審査のあとに、「不安感が強くて調子が出ないうちに負けてしまった」「緊張で頭の中が真っ白になってしまった」などのコメントをよく耳にします。「この不安や緊張がなかったらもっといい剣がつかえたのに」と苦々しく感じている人もいることでしょう。

しかし、一方で「ケガをしないように緊張感を持ちなさい」とか「審査のことが不安だから一生懸命に稽古しよう」など、不安や緊張が心の張りとなって、より積極的な状態をつくり出していることも事実なのです。この「不安」や「緊張」は、いったい何者なのか…とても混乱するところですが、ここでは、「心的エネルギー」と考えるとわかりやすいでしょう。

では、「不安や緊張の正体」について考えてみましょう。このテーマを語るうえで大変重要な理論があります。それを「逆U字理論」と呼びます。図1に、逆U字理論による不安・緊張とパフォーマンス（できばえ、効率）の関係を示しています。この理論はスポーツ心理学における不安・緊張研究のなかで、古くから確立されたものの一つとして、多くのスポーツ選手やコーチによって競技力向上のために応用されています。

図1が意味していることは、「不安や緊張」と「パフォーマンス」の関係が決して直線的

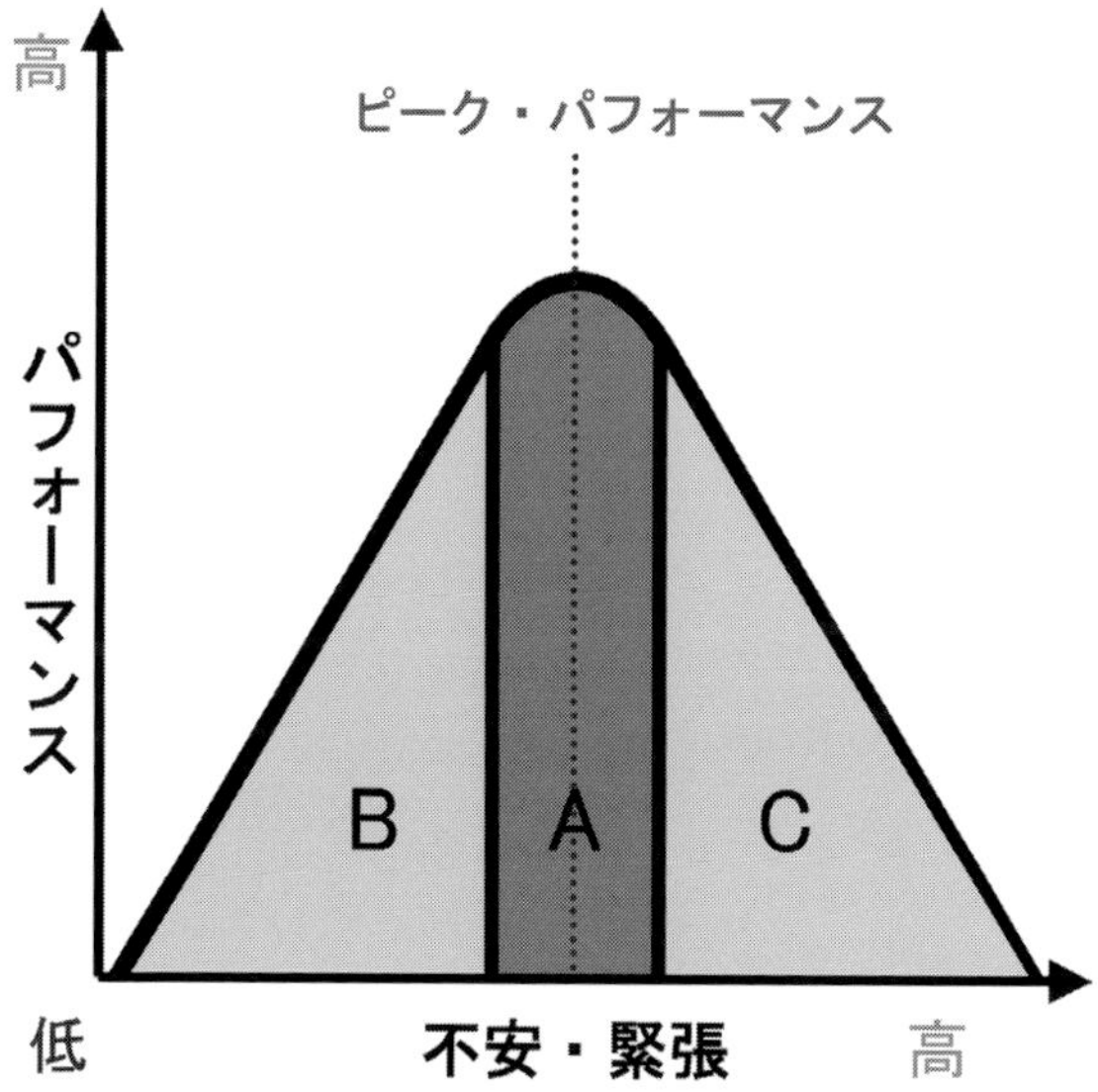

図1

な関係ではないということ。つまり、不安や緊張のレベルが低いと能力は充分に発揮されず、高くなるにつれてパフォーマンスは向上していきます。

しかし、ある程度のレベルまで不安や緊張が高くなると、今度は逆にパフォーマンスは低下していくのです（Yerkes and Dodson, 1908）。ですから、その中間にその人の持てる能力を最大限に発揮できる状態（図中A）が存在し、その頂点が、ピークパフォーマンス（Peak Performance）と呼ばれています。ピークパフォーマンス状態では、「相手の動きがスローモーションのように見えた」「体が自然に動いた」「負ける気がしない」などの感覚になると報告されています。このときの精神状態はまさに、無念無想、明鏡止水の境地といえるのでしょう。

では次に、皆さんが今まで経験した試合や審査の場面での不安・緊張状態は、BとC、あるいはAか、どの状態に陥りやすかったかを考えてみてください。「調子が出ないうちに負けてしまった」と感じた人は、心的エネルギーが低すぎる状態（図中B部分）であり、「緊張で頭の中が真っ白になってしまった」と感じた人は、心的エネルギーが強すぎた状態（図中C）と解釈できます。そして、自分はどちらのタイプなのかをよく見極めたなら、タイプに合った対処法を実践することが大切でしょう。

もし、あなたがBの状態（気分が乗らない、弱気になる）に陥りやすいとしたら、「サイキングアップ（psyching up）／意識的に緊張や興奮を高める方法」を意識すべきです。また、Cの状態（身体がガチガチ、焦る）ならば、「リラクセーション（relaxation）／緊張感や興奮を解く」に進む必要があります。

いずれにせよ、「不安や緊張は高すぎても低すぎてもいけない」ということを理解しながら、たとえ不安や緊張に襲われても、「もうダメだ、どうしよう」と考えるのではなく、「おやっ、うまくいくチャンスが巡ってきた。いい立合ができるかも」と、にんまりするべきです。このにんまりの連続がいつかピークパフォーマンスにたどり着きます。

身体よ身体よ！　こうして心をしずめる

前項では不安や緊張などの心的エネルギーとパフォーマンスとの関係性について逆U字理論（Yerkes and Dodson, 1908）を用いながら解説しました。そのポイントは心的エネルギーが弱すぎても強すぎても良いパフォーマンスが生まれず、中程度の心的エネルギーレベルが最高のパフォーマンス（ピーク・パフォーマンス）を発揮するということでした。

では、いったいどうすれば強すぎたり弱すぎたりする心的エネルギーレベルをうまくコントロールできるのでしょうか。そこで注目すべきは、「心と身体は密接につながっている」ということです。我々は普段の暮らしの中で、心が身体（行動）へ影響を与えることを知っています。たとえば、緊張のあまり右手と右足が同時に動いてロボットのような歩き方になったり、遅刻しそうで慌てて家を飛び出したのはいいが、携帯電話のつもりで家の電話の子機をポケットに押し込んでいたり（これは私だけですか？）。

では、この逆も考えてみてください。心と身体はつながっているのですから、身体に働きかけをして心に好影響を与えることも可能なはずです。今回のテーマは、身体から心へ働きかけて心に安定を取り戻そうとする取り組みについてです。

●呼吸法

　坐禅では雑念を払うために意識すべきことを四つ挙げています。それは、正しく座り、正しく手を組み、正しく姿勢を伸ばし、正しく呼吸を整える、ただそれだけなのです。坐禅においても心で心をしずめる努力はしないのです。この方法論は心理的技法にも共通しており、それぞれの心的レベルの状況に応じて以下のような働きかけをすることが有効でしょう。

一、サイキングアップ（意識的に緊張や興奮を高めるための呼吸法）

「ハッ、ハッ、ハッ」のような浅くて速い呼吸を胸式呼吸で行なうことで心的エネルギー水準を高めていきます。

また、吐く息を「ハーッ、ハーッ、ハーッ」と三つに分けて吐ききり、吸気は自然に行なうという「三呼一吸」の呼吸法も使われています。さらに、呼気を「いくぞ、いくぞ、いくぞ」などの言葉に代えて活性化を図ることも可能です。

二、リラクセーション（緊張感や興奮を解く）のための呼吸法

ゆっくりとした腹式呼吸は心的エネルギー水準を下げることに効果があります。息を吸い込むときには腹をふくらませ、少し全身に力を入れます。そして、息を吐くときは腹を引っ込ませながら全身の力を抜きます。この際、息を吐いていく過程で肩や腕からしっかり力が抜けていく感じを確認しましょう。呼吸のタイミングは、息を吸い込むときに四秒間、次に息を四秒間止める、そして八秒間で長く吐き出す「四・四・八」の拍子をよく用います。

●漸進《ぜんしん》的リラクセーション法（プログレッシブ・リラクセーション）

ジェイコブソン（Jacobson, 1929）によって開発された技法で筋弛緩法《きんしかんほう》とも呼ばれています。この技法は、顔、肩、腕、腹、足、全身などの部位を対象として、筋肉を十秒間ほど緊張させた後に力を抜き、筋肉がゆるんだ状態に注意を向けてリラックス感を感じ取るものです。力が入った状態とリラックスした状態を交互にくり返しながら、まずは両方の感じに「気づき」、そしてそれを「覚える」ことが重要です。

以上、比較的取り組みやすい方法を二つ挙げて解説しましたが、もちろん、試合や審査に直面してからどうしようと考えるのでは遅すぎます。普段から「こころのコントロール性」を高める方法を意識して練習しておくべきでしょう。ですが、くれぐれも、満員電車内では危険です。変人だと勘違いされますから（笑）。

第2章

セルフイメージで強い自分を頭で描く

一流剣士はこうして百%の力を出していた

私は過去、全国から選抜された日本のトップ剣士たち（全日本剣道連盟ナショナルチーム候補選手三十五名、以下N群）の心理的競技能力とメンタルコンディションについて調査・分析をする機会を得ました。この研究の目的は、大学生剣道選手（以下U群）との比較からN群の心理的な強さと特徴を明らかにしようというものでした。

この調査結果からいくつかの知見が導き出されました。ひとつは、意外にもN群が感じる特性的な不安や緊張の量（強さ）はU群のそれとはそれほど大差はないということです（矢野、一九九二）。これは、剣道のトップ選手であっても、試合の前には強い緊張を感じたりしていることを意味します。

しかし、さらに詳細に分析を進めていくと次のことが判明しました。それは、N群とU群の不安や緊張を感じる「量（強さ）」には大きな違いはないものの、その「質（対処法）」に大きく違いがあるということです。すなわち、N群は試合という強いストレス場面に直面しても自分なりの対処法が確立していて、そのためにメンタルコンディションを大きく低下させることがありません。

一方、U群は、ストレスが強くなってくると「どうしよう」「もうだめだ」「負けるかも」などとネガティブな思考から抜け出せなくなり、メンタルコンディションを低下させていくだけで、あきらめ以外になんら対処法を持たないのです。

すなわち、N群の心理的特徴は、「コントロール性の高さと具体的なコントロール法」にありました。もちろん、ストレス対処の方法は選手それぞれですが、なかでも「動作に集中する」方法をとる選手が全体の五十パーセントを占めています。試合場面でのストレスによってメンタル面に変化を感じたならば、それが増大してしまわないうちに、普段から行なっている「単純で基本的な動き」をフィードバックし、身体を一定のパターンに乗せ、正確にその動きをくり返すことに集中しています。これは、身体から心へのはたらきかけといえますが、N群の多くは、この動作集中を通して普段どおりの自分を取り戻していると考えられます。

心理学では、ストレス状態の低減をめざした対処行動のことを「コーピング（coping）」と呼びますが、このN群がとった一連のコーピングのどれもが、ラザルスやフォルクマン（Lazarus & Folkman, 1984）といった著名なストレス心理学者の唱えたストレスへの有効な対処モデルとよく合致し、理論的にも正当性を持つことに驚かされます。

以上、U群との比較からN群の心理的な強さを探ってきました。その中から導き出されることは、N群の選手たちは、試合で百二十パーセントの力を出そうとしているのではなく、自分の持つ百パーセントの力を出すことに集中していると考えることができます。

普段とは違った環境の中で自分のすべてを出すことは一見簡単そうですが実は難しい課題です。まさに「平常心」という言葉があてはまります。これが試合や審査で心がめざす究極の目標といえるかもしれませんね。

「崩れることなく、いつものように」。シンプルだけど深い言葉です。

セルフイメージで強い自分を頭で描く

「セルフイメージ（Self-image）」という言葉をご存じでしょうか？　これは、自分で創り上げた自分自身のイメージのことです。人は自分を査定し、「自分はこんなものだ」と評価します。しかし、心理学の研究から、自分が創り上げたイメージ以上になることはきわめて少ないことがわかっています。つまりセルフイメージが小さすぎるとその人の成長を妨げてしまうということです。

剣道においても、よく実力の向上をセルフイメージが邪魔をします。「まあこれ以上の昇段は無理だな」「あの人のような技は使えるはずがない」などがそれにあてはまるでしょう。また、これは子どもの成長過程においてもマイナスの影響を与えます。「おまえにできるはずがない」とか「おまえはダメなんだ」なんてつい言った記憶はありませんか。

セルフイメージについての例で「サーカスの象」の話が引き合いに出されます。それは、サーカスにいる二頭の象の話です。その象にはそれぞれ首輪につながった鉄の「重し」が付いています。ですが、よくみると体の小さな子どもの象には大きな重し、体の大きなおとなの象には小さな重しが付いているのです。これはいったいなぜでしょう？　じつは、子ども

の頃に野生からこのサーカスに連れて来られたばかりの象は、鎖でつながれた窮屈なこの状況に耐えられずあちこちに動き回ろうとします。ですが、大きな重しが邪魔をして身動きがとれません。子象は何度も動こうと試みますが、首輪ががっしりと首に食い込むばかりで重しはびくともしないのです。そのうち、子象はこう考えます。「そうか、もうここから外には出られないんだ。ここにずっといるしかないんだ」と。それ以来、子象は動き回ろうとするのを止め、じっとその場所にいるようになりました。

　歳月は流れ、子象はもうりっぱなおとなの象になり、体も大きくなっていました。でも、その象は今でも同じ場所にじっとしているだけで動こうとはしないのです。すなわち、この象には「動けない」というセルフイメージが固定化されているため、新たな行動を起こそうとはしないのです。なんだか哀愁に満ちた淋しいストーリーですよね。

人は「自分はこんなものだ」というふうにセルフイメージをつくった瞬間から、それ以上になることをあきらめ、自信と情熱を失ってしまいます。つまり、セルフイメージの拡大を制限することは、みずからの可能性を制限することに他なりません。

セルフイメージを拡大していくためには、まずは目標となるリアルな情報を収集する必要があるでしょう。それは「いい立ち合い」「いい試合」であったり。そして目標となる「いいもの」を肌で感じたならば、強く「こうなりたい」と思うべきです。セルフイメージを拡大して強くなった自分、すごい立ち合いをしている自分を想像することは決して罪ではありませんせん。むしろ強くなるためには必要なことなのです。なぜなら「こうなりたい」の先にはきっと「こうなった」が潜んでいるからです。

剣道でできるストレス解消法

ストレスはよく「バネ」にたとえられます。さまざまなストレス刺激（ストレッサー）が自分というバネを押しつぶす。その押しつぶされた状態は強いストレスにさらされた状態で、これが長期間続くとそのバネは元には戻らなくなります。つまり、この状態はうつ病や心身症などの病気を発症し、健康を害した状態です。とくに中高年の「うつ」の問題は深刻で、ＷＨＯ（世界保健機関）の調査では、現代人の三パーセントから五パーセントがうつ病にかかるといわれています。米国では、医療機関における入院患者の在院日数の三十パーセントがうつ病や不安神経症などの精神的な健康問題によるものであると報告されています（Weinberg & Gould, 1995）。

また、現代社会の個別化が進むことで「人とのかかわり」が減少し、「孤立」することがストレスに耐える力（ストレス耐性）をますます低下させることも危惧されています。

この現代社会でストレスを受けないで生きていくことが不可能な以上、心の健康づくりには、生活の中でどのようにストレスを発散させるか、ストレスとどう付き合っていくか（ストレスマネジメント）が重要になります。

運動心理学の研究から長期的な運動習慣には、うつ傾向を軽減させる効果があることが確認されています。これは、身体運動が心肺機能の向上や筋肉の増加、骨の強化などの身体的な恩恵だけでなく、「気分の変容とストレスの発散」という心理的な恩恵をもたらすことを意味します。

たとえば、悩みや怒りを抱えていても、稽古後には「なぜ、あんなに悩んだり、腹を立てたりしたのだろう」と、不思議にすっきりした気分になった経験はありませんか。これがまさに、身体運動によって気分が変わるということなのです。さらに、剣道はただ身体を動かすだけではなく、発声や身体接触を伴いますから、ストレス発散の効果は大きいと考えられます。

我々は日々の生活において、さまざまなことに気を遣いながら暮らしています。マンションやアパートに暮らしているならば、音楽を聴くにしてもそのボリュームひとつに気を配ります。そうした小さなストレスもじわじわと身体の中に蓄積し、気がつけば、ストレスによって身体に変調をきたす場合もあるわけです。

その点、道場ではどれだけ大きな気合を出しても叱られることはありません。むしろほめられます。身体からあふれる気合をふりしぼり、自分のすべての力を出し切って相手に打ち込む。こんな状況はこの日常にはなかなか存在しないのです。また、剣道をするためには必ず相手がいます。相手とのやりとりの中で技をくり出す剣道は社会的健康度を向上させ、孤立化を抑制しているといえます。こう考えると、剣道とはこの現代社会に必要とされる多くの健康増進の要素を含んでいることに気づかされます。

でも、稽古がうまくいかなくてストレスがたまるって？　たしかに（苦笑）。そこは、稽古で「ストレス耐性を養っている」と考えましょう（笑）。少なくとも、道場という居場所があり、そこには剣道仲間がいます。失ってはじめてわかる健康のありがたさのように、あらためて我々は剣道に出会ったことに感謝するべきでしょう。そして大きな声で言いましょう。「剣道、万歳！」。

剣道は物語だ。ナラティヴ・アプローチ

近年、心理学や精神医学の臨床領域を中心としてナラティヴ・アプローチが注目を集めています。「ナラティヴ（narrative）」とは、「語り」や「物語」という形式を手がかりとしてなんらかの現実に接近していく方法であると定義されています。すなわち、ナラティヴ・アプローチでは、みずからの人生をひとつの物語と考え、自分はその物語の主人公として、生きながらにして新たな物語をつくっていることがその根幹を成しています。そしてだれかにその物語を「語る」ことによって、自分の過去のエピソードには新たな視点で違った意味づけが生まれ、解釈が変わることによって否定的であった自分の過去が肯定的になり、これから訪れる自分の未来には希望が見えてくるというのです。それにより、結果として今ある現在が安定することにつながります。つまり、自分の物語を「語る」ことには、心理的安定を図る効果があるのです。

往々にして我々は自分の解釈の中で否定的にとらえていることを他人に話すことをためらいます。しかし、そこには自分と異なった価値を持つ人がいるわけですから、解釈も意味づけも自分とは異なってくるのです。たとえば、「自分の剣道人生なんて、ただダラダラと歳

月だけを費やしてきた負けっぱなしの人生」と考える人もいるでしょう。しかし、他方では「長年にわたってひとつのことをコツコツと続けてきたすごい人」という見方もあるのです。ちなみに、剣道をしたことのない人にあなたの剣道歴を話してみてください。ほとんどの人は「えっー」と目を丸くして驚き、感嘆することでしょう。剣道に費やしてきた歳月の長さは、剣道をしなかった人にとっては、今からどれだけがんばっても手に入れられない時間なのです。

　また、ひと言であなたの剣道物語といってもそのめざす目標が異なれば、同じではありません。剣道の試合で勝利にこだわってきた人生、仕事の合間の時間を使いながら昇段をめざしてきた人生、稽古だけを楽しもうとしてきた人生など、剣道人生の送り方も目標もひとつではありません。ただここでいえるのは、どの剣道物語も間違っていないあなただけの物語だということなのです。

ためしに自分の剣道物語について、友人や家族、職場の同僚などに話してみてください。ときには自分が考えたこともないようなとらえ方があることに気づくでしょう。それがあなたの剣道物語の新しい意味づけであり、今後の剣道物語の展開やエンディングまでも大きく変化させるきっかけとなるのです。

さらに、あなたが語る剣道物語が周辺の人びとの物語にも影響を与える場合もあるでしょう。あなたの語りによって家族や友人はあらためてあなたの中にある剣道観や目標を知ることになるのです。剣道を通してつづられる人生物語は、必ずしも剣道をしている人だけの物語ではなく、それぞれの目線で別の物語がつづられていくこともあるのです。それは、昇段審査に向けてひたむきに努力する父の後ろ姿をそっと見つめる娘がつづる物語であったり、雨の日も風の日も休みなく子どもを道場に送り届けた母がつづる物語であったり。

人生が物語であるとすれば、剣道を続けている限りあなたの剣道物語には新しいページが書き加えられていきます。そしてこの先、あなたの物語がどんなエンディングになるのかは、これからあなたがつくっていくことなのです。今、あなたが思い描く結末になるかはわかりません。けれど、少なくともあなたには、「まだ語られていない物語」があるということは確かなのです。

ワーキングメモリ。脳にも処理速度がある

「ワーキングメモリ（Working Memory）」という言葉を聞いたことがあるでしょうか。人は脳内に目から入ってきた情報や頭の中でつくられた動きのイメージをほんのわずかな時間だけ記憶しておく「短期の記憶装置」を持っています。知覚した情報や形成されたイメージをこの短期記憶装置に出し入れしたり保持したりしながら、よりスムーズな動きをつくりあげている神経回路を「ワーキングメモリ」と呼んでいます。

剣道の立合においても、このワーキングメモリはフルに活用されています。「始め」の合図とともに立合がはじまり、まずは相手の構え、竹刀の握り、剣先の位置、竹刀の強さなどのたくさんの情報を収集し、相手がなにをねらってくるのかを予測します。そして、相手が攻めや打突に出て来たならば、身体の動きや竹刀の軌道などの知覚情報をもとに、どのようなタイミングでどこを打突するか、あるいはどんな対応するかなど、瞬時に自分の動きのイメージを作成して実行につなげようとしています。この時、頭の中のコンピュータはきっとフル稼働していることでしょう。しかし、ワーキングメモリの容量は無限ではなく、一度にたくさんの情報を処理できるものではないのです。

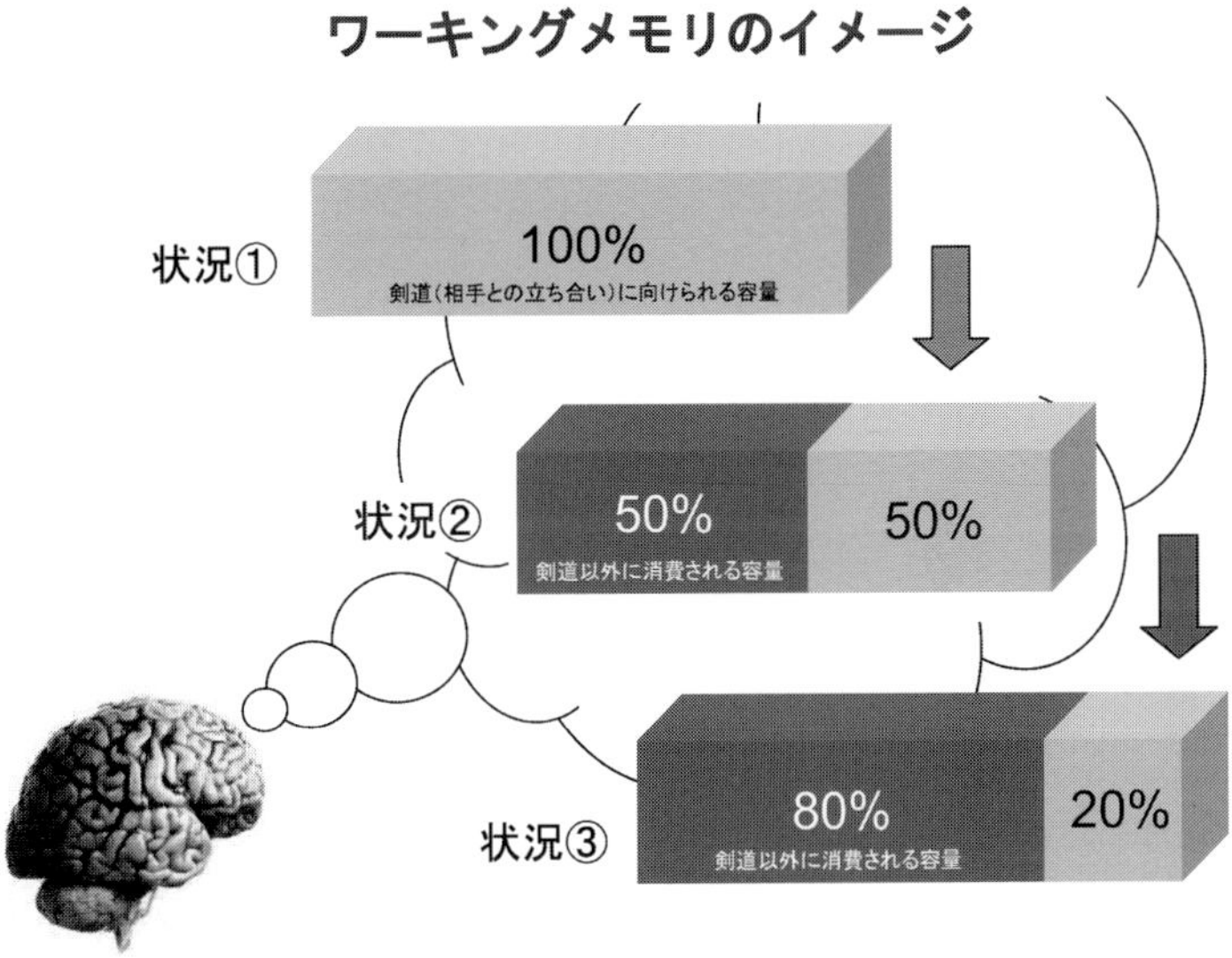

そこで、さらにイメージ図を見ながら、ワーキングメモリを有効に活用する方法を考えてみましょう。

まずは、頭の中にあるワーキングメモリをパソコンのハードディスクだと考えてみてください。よくパソコンを使う人ならイメージがわくと思いますが、一度に多くのページを開いたり異なる作業をコンピュータにさせると、処理速度が遅くなったり、動きが悪くなったりするでしょう。ひどいときにはパソコンがフリーズを起こし、動かなくなってしまいます。

剣道の試合や審査の途中で、「俺はいったいなにをやっているんだ」「自分の姿は周囲にどう映っているんだろう」などのような、運動に関係のないイライラ感や懸念が浮かんできたとします。そうすると、その雑念がワーキングメモリの容量を消費して剣道に費やす重要な容量を減らしてしまうのです。たとえば、運動以外の部分に五十パーセントのメモリを消費してしまうことは、自分の持つワーキングメモリの処理能力の半分しか相手に向けられていないことを意味します（図中状況②）。さらに、図中状況③のように、イライラしたり焦ったりする状態が強くなれば、結果としてワーキングメモリの二十パーセントだけで相手とたたかっていることになるわけです。ですから、実力差があり負けるはずのない相手に負けてしまうことが起きるのも、このワーキングメモリの状態が原因のひとつと考えられます。

スポーツ心理学者の市村（一九九三）は、「勝つと思うな、思えば負けよという格言や、無心でという信条も、運動の遂行のために必要なワーキングメモリの容量を、運動と関係のない情報に食われないようにせよという教えと読み替えることができる」と述べています。もちろん、コンピュータの性能のように、人のワーキングメモリの容量や処理能力には個人差がありますが、少なくとも試合や審査中にどれだけ自分を憂いたところで運動パフォーマンスが上昇することはないのです。まずは、ここ一番、土壇場になったらあれこれ考えずに目の前にいる相手とのやりとりに没頭することがワーキングメモリの性能を最大限に引き上げることにつながるはずです。

「無心になろう」とするのではなく、振り返ると「無心になっていた」ことが真理といえるでしょう。「無心」の境地にたどり着く道は険しく厳しいですが、挑戦する価値のある道であることもまた真理でしょう。

あなたを前向きにするスモールチェンジ

テニスというスポーツはメンタル面が勝敗に大きく影響を与えるといわれています。今回は、マルチナ・ヒンギスという女子テニスプレーヤーの行動に注目してみましょう。彼女は一九九七年に十六歳六ヶ月で史上最年少の世界ランキング一位を獲得したテニスプレーヤーですが、彼女の持ち味は、なんといっても頭脳的なプレーと正確なバックハンド・ストレートといえます。また、その技術の素晴らしさと同様に「感情の起伏の激しさ」でも知られています。ですから、彼女の場合、自己コントロール性が勝敗のカギを握っていると考えられるわけです。

ある試合での出来事です。その試合は一進一退の緊迫したゲームでした。ヒンギスがリードすると相手はそれに食らいつき、差を広げようとヒンギスが躍起になるとみずからのミスで逆に相手にリードを許してしまう。そんな中で彼女はいらだっていました。ついには、きわどい判定に対して憮然とした表情で審判に抗議する始末で、観衆もいつしか相手の味方と化し、会場は完全アウェー状態。そして、この状況に追い打ちをかけるようにヒンギスの足にはアクシデントが発生。強い痛みと痙攣《けいれん》が彼女を苦しめます。思いもよらないアクシデン

トに見舞われ、彼女のプレーは正確さを欠き、もう半泣き状態でした。テニスではこのようなアクシデントの場合、ドクターやトレーナーの判断で処置を受けられるルールになっていて、彼女は一度コートを出て控え室に姿を消したのでした。このとき、だれもがヒンギスの敗北を確信していました。

ところが、数分後、処置を終えてコートに戻ってきたヒンギスの表情は、先ほどまでの泣きべそ顔とはまったく違っていました。顔には笑顔と自信があふれていたのです。この数分間にいったいなにがあったのでしょう？　よく観察するとあることに気がつきました。彼女はテニスウェアを新しいものに着替え、髪型も変えていたのです。その後、彼女は別人のように集中力を取り戻し、スーパーショットを連発。最後には不利な形勢を逆転し、この試合に勝利したのでした。

すなわち、ヒンギスのとった方法は、ほんの小さな変化（スモールチェンジ）を「きっかけ」にネガティヴな気持ちを捨て、前向きで新しい気分に切り替えるというテクニックだったのです。これは、事前に準備された「ソリューションバンク（solution bank）／予測される問題が起きたとき、『もしこうなったら私はこうする』という形式にまとめた解決案」から最適な対処法を選んだことに他なりません。ですが、どんなに優れたプレーヤーでもこのような判断を突然できるわけではありません。彼女はかつて来日した際にこんな言葉を残しています。「幸運は自分でつかむもの。待っていて、天から降ってくるものじゃない」と。つまり、彼女のとった行動はたゆまぬ準備と経験の蓄積によって生み出されたものなのです。

この教訓は剣道のさまざまな場面にも応用できるものです。だれでも自らの「不安定になった心」を、「心をもって統制する」ことは、たやすくはありません。そこで、道具やタイミングを使って気持ちを切り替える「きっかけ」を能動的につくり心の安定を図ることが有効でしょう。ここではなにも、技術を替えるような大きな変化（ビッグチェンジ）を目的としているのではなく、スモールチェンジでいいのです。たとえば、乾いた剣道着に着替えたり、新しい手ぬぐいを使ったりすることもこれにあたります。イヤな気持ちを濡れた剣道着と一緒に脱ぎ捨て、ヒンギスが新しい自分に生まれ変わったように、あらためて試合や審査に臨むことも気持ちを切り替えるひとつの技術なのです。

自分から出たのか。出されてしまったのか

年配の先生が若手に見事な打突を炸裂させています。もちろん、懸かり手はスピードや体力では決して負けていないはずなのに、どうにも歯が立たない様子。この稽古を注意深く観察しているとあることに気づきます。それは、崩れのない構えの元立ちに対して、懸かり手は勢いよく打突をしかけますが、元立ちはその勢いを引き込みながら見事に返し技を打つ。さらに、打たれてムキになって跳び込もうとする懸かり手の出がしらを元立ちは見事にとらえて「パクン」と一撃。まさに「出されてしまった」瞬間です。この状況を考えてみても、剣道において「スピード」や「パワー」が絶対ではないことが理解できます。

そこで、今回は「タイミング」に焦点をあてながら運動心理学の視点でこれを考えてみます。タイミングを辞書で引くと「ある物事をするのに最も適した時機・瞬間」と記されています。すなわちタイミングとは「時間」のことを意味しています。剣道用語としても、距離が「間合」であるのに対して、時間は「間」と呼ばれます。また、「ためる」という表現もしばしば耳にします。この「ためる」とは、「自発的に時間をコントロールすること」に他なりません。よく「いいバッターはピッチャーの投げたボールをしっかりと引き込んで打て

る」という表現を野球解説で耳にします。「ためることができる」とは、緊迫した場面でも「慌てず絶妙のタイミングをつくるために我慢できる」ことと換言できるでしょう。

他方、多くの心理学者や生理学者によって、ストレスの強い状況での運動とパフォーマンスの関連性について研究が行なわれています。その研究結果が剣道でも起こる課題を説明するカギとなりそうなので紹介しましょう。

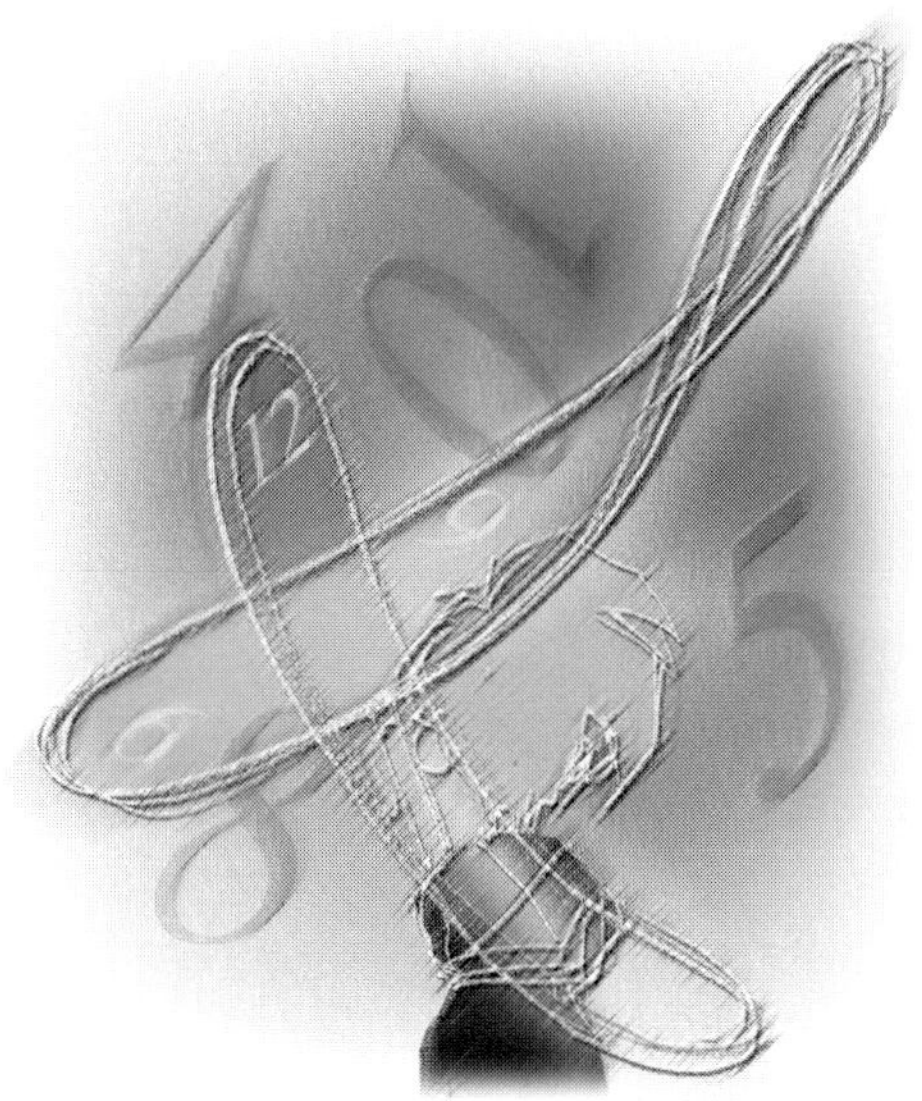

本来、人間の脳は大脳皮質のある部分に興奮が起こると、一方でその部分の活動を抑えようとする抑制機能が高まります。この興奮と抑制のバランスにより、それぞれの目的に応じた運動がうまく調整され可能となります。しかし、このバランスが疲労や過度の緊張でくずれてしまうと運動はうまくいかなくなるのです。とくに、抑制機能の不調は、運動のタイミングの狂いを引き起こし、遅延動作が阻害されます。このことは、もう少し待ってから動き始めなければ

ばならない部分のブレーキが効かなくなってしまうことを意味しています。つまり、「待てなくなってしまう」のです。ストレスの高い状況で生み出された焦りや動揺によって、「運動のタイミングは速くなってしまう」ことが指摘されています。

今までの試合や審査あるいは稽古を振り返って「どうしてあの場面で打ちに出ていってしまったのか？」「なぜ絶好のチャンスなのに打ち損じてしまったのか」と考えることはないでしょうか。これが「ためることができなかった」状態なのです。この失敗は剣道技術の問題だけではなく心理的要因も関連していたのかもしれません。

同じ打突であっても、自分の意志で「出たのか」、自分の意志に反して「出されてしまったのか」をしっかり見極める必要があります。自分の意志で出て打たれたならば学習もできますが、出されて打たれたことに気づかない限りは、また同様なことをくり返してしまうのです。

では、なぜ「出されてしまったのか」それを究明するには、「相手の攻めに対応できずパニックになっていなかったか」、「相手を打ちたい気持ちが強すぎてはいなかったか」など、その状況に至る前段階に注目する必要があるでしょう。そして、少なくとも相手に攻められて身体が勝手に出ていってしまったようなケースを防ぐためには、普段の稽古で相手の攻めに対して、防御したり逃げたりするのではなく、ひるまずに真っ向勝負する経験を積み重ねながら心理的動揺を減らす取り組みが求められることは確かです。どうやら「ため」をつくるためには勇気が必要なようです。

イメージを具現化。こんな感じを集めよう

近年、日本の競泳チームが大きな成果をあげていることをみなさんはご存知でしょう。世界新記録を連発し、アテネ・北京と二つのオリンピックで金メダルを獲得した北島康介選手をはじめ、多くの日本競泳選手が自己の持つタイムを大幅に縮めています。じつは、現在日本競泳チームが採用している練習方法もこの躍進を生み出すひとつの要因となっているようです。

かつて日本の水泳界では、水流に向かい、負けないように一生懸命に泳ぐような練習が一般的でした。しかし、新しく組み込まれた練習方法はずいぶん違います。

その練習方法とは、水泳選手の身体にワイヤーを装着し、世界記録と同じ速いスピードで前方に引くというやり方です。この練習方法は、「スプリント・アシステッドトレーニング」と呼ばれ、ワイヤーやゴムなどの道具を用いて動きをプラス方向へアシストし、今まで経験したことのないスピードと感覚を体感させるのです。

さらに、心理学の視点でもこの新旧二種類の練習方法は大きく異なっています。それは、「目標とするイメージがつくられるかどうか」ということ。つまり、水流に負けないように

ひたすら泳ぐトレーニングでは、残念ながら「どれだけがんばればいいのか」というイメージがつくられないのです。

一方、ワイヤーで目標記録に到達するように引かれるスプリント・アシステッドトレーニングでは、最初に「世界記録はこんな感じ」というイメージがつくられていきます。もちろん、はじめは手も足もワイヤーのスピードについていけない状態かもしれません。でもそれをくり返す過程で自分の弱点が明確になり、「手のかき方はこんな感じ」「足の蹴りはこのように」と少しずつ鮮明で具体的なイメージができあがってくるわけです。

運動学習において技術習得の効率を上げるために重要なことは、はじめに目標とするイメージを具体化し、次にそのイメージに実際の動きを近づけていくという順序なのです。

イメージを具体化するための3つのポイント

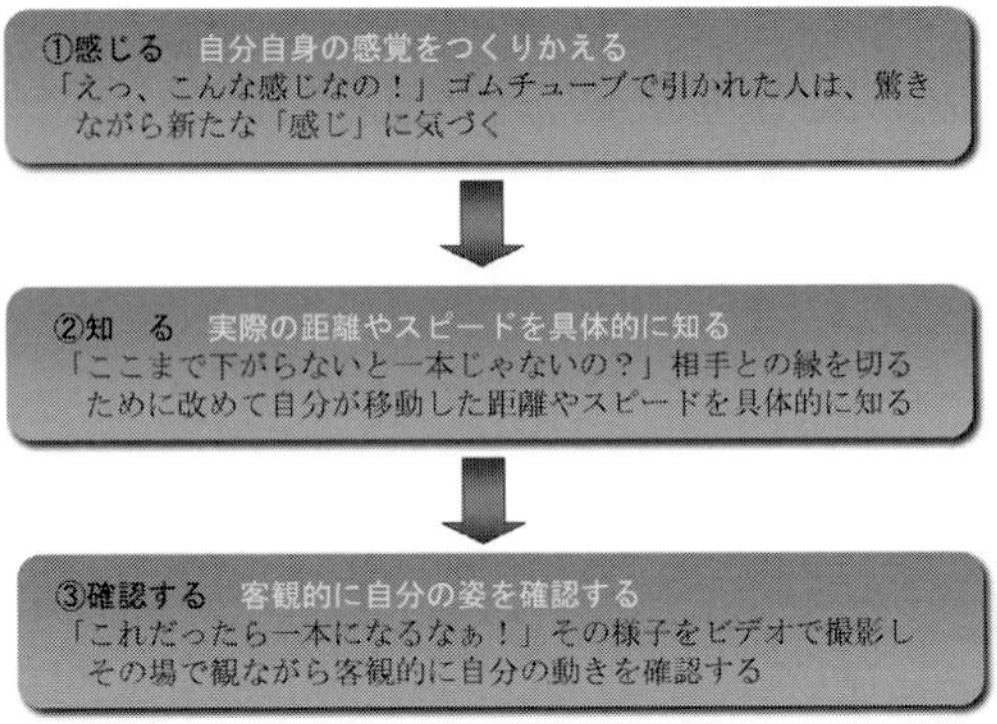
①感じる　自分自身の感覚をつくりかえる
「えっ、こんな感じなの！」ゴムチューブで引かれた人は、驚きながら新たな「感じ」に気づく
②知　る　実際の距離やスピードを具体的に知る
「ここまで下がらないと一本じゃないの？」相手との縁を切るために改めて自分が移動した距離やスピードを具体的に知る
③確認する　客観的に自分の姿を確認する
「これだったら一本になるなぁ！」その様子をビデオで撮影しその場で観ながら客観的に自分の動きを確認する

そこで、わたしの指導しているチームで実施したある実験をご紹介しましょう。被験者は、「引き面が苦手な選手」でした。この選手の場合、何度引き面を打っても有効打突にならない。まず初めに、引き面を五本打たせてそれが有効打突になるかどうか他の部員に判定してもらいました。判定の結果は残念ながら有効打突なし。この有効打突にならない原因はどう

やら打突後の動きの悪さにあるようでした。引き技の有効打突の条件として、打突後に相手との縁が切れないといけないのですが、被験者には「縁が切れる」というイメージがつくられていないようでした。そこで、補助者が被験者の身体にゴムチューブをつけ、打突のタイミングに合わせて縁が切れる距離までゴムチューブを引いてあげました（アシステッドトレーニング）。そして慣れてきたら徐々にスピードを上げながらくり返しました。その後、ゴムチューブをはずして再度引き面に挑戦。その結果、今度は被験者の打った引き面が有効打突であると判定された割合は格段にアップしました。また、アシステッドトレーニング中に自分の引き技を打つ様子を撮影したビデオを観て確認しながら練習をくり返すと、その効果はさらに向上することも判明しました。

この実験から、被験者はゴムチューブを用いた練習法を実施し、三つのポイント（①感じる・②知る・③確認する）によってイメージを具体化し、苦手だった引き面を克服していったと考えられます。

こんなにがんばっているのにちっとも上達しないと感じている方、じつは「こんな感じ」というイメージが具体化されていないのではありませんか。この課題を克服するためには、さまざまな場面で「こんな感じ」を集めないといけません。昔から「見取り稽古」の重要性が指摘されていますが、「見取り稽古」とはまさに、他の剣士の立ち合いを見ながら自分が体得したい「こんな感じ」リストを増やし、具体化していくための絶好のチャンスといえるでしょう。

悲しみがあってこそ喜びは大きくなる

二〇〇九年八月、第十四回世界剣道選手権大会において日本は四種目を完全制覇し、ふたたび世界の頂点に返り咲きました。大きな重圧の中で戦い抜いた日本代表選手団には、大いなる尊敬を込めて惜しみない賛辞を送ります。おめでとうございます。そして、ありがとうございました。

わたしは今でも三年前、第十三回世界剣道選手権大会（台湾開催）で日本が敗北した瞬間をはっきりと覚えています。その瞬間、会場はまるで時が止まったかのようでした。そして、わずかな静寂のあと、会場全体を覆い尽くす怒濤《どとう》のようなどよめきと歓声。剣道日本代表が初めて世界で負けた瞬間でした。

台湾大会で、わたしはスウェーデン・ナショナルチームの監督として帯同しており、この歴史的な場面に立ち会いました。スウェーデンチームは初の世界ベスト八入りを果たして意気揚々でしたが、日本の敗北という突然の出来事にみな言葉をなくしてしまいました。しかし、不思議にわたしの心は落ち着いていて、今後なにが変わっていくのかをぼんやりと考えていました。

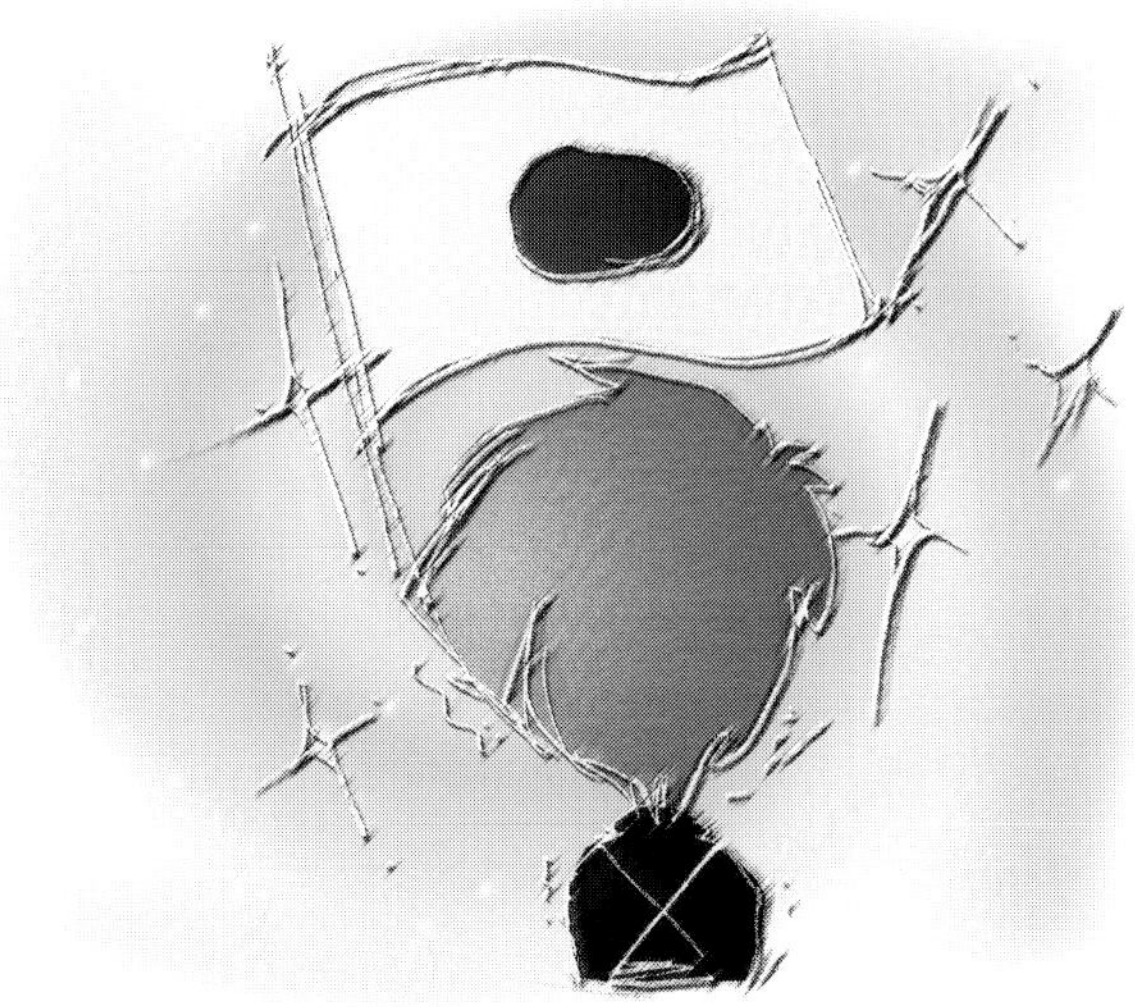

準決勝でアメリカチームに敗退し、史上初の負けを経験した日本男子団体の試合終了直後、オフィシャル・ロッカールームでは、無言のままで日本チームの一団が立ちつくしていました。きっと選手たちは、歴史を変えてしまったこと、どんな顔で日本に帰ればいいのか、そんなことも考えていたことでしょう。無言のままうつむいていました。そんな中、日本の監督・コーチたちは選手ひとりひとりを丁寧にねぎらい、握手を交わしながら言葉をかけていました。選手たちの目からは、みるみる大粒の涙がこぼれ、その手を強く握り返しながら感謝の気持ちを表わしていました。選手もコーチもいままで苦労をともにしてきた同志。みなが静かに泣いていました。その様子は、

まるで儀式ともとれる純粋で誠実な姿でした。しばしの時間が流れ、日本チームがオフィシャル・ロッカールームをあとにしようとしたその時でした。だれともなく各国出場チームの選手・コーチが立ち上がり、最後にはその場にいた全員が日本チームに大きな拍手をもって健闘を讃えたのです。その光景はあまりに美しく輝きに満ちていて、気がつけばわたしも涙していました。この涙は明らかに悔しさや悲しさではなく感動に他なりませんでした。

世界大会での敗北を失敗や悲劇と呼ぶ人もいたでしょう。けれど、この敗北が剣道の新たな発展につながったことも事実なのです。少なくとも、日本は世界で負けて初めて、世界の国々が日本剣道をどのように評価しているかを知り、その評価のポイントは試合の結果だけにとらわれず、しっかりと試合の内容や態度という「質」の部分にも向けられていたことを確認する特別な機会となったのです。

ストレス研究に生涯を捧げた心理学者ラザルス（Lazarus, 2003）は、死の間際にこんな言葉を残しています。「人生には、ポジティブな側面だけではなく悲観的（ネガティブ）な観点も必要である。そして、単にポジティブなものしかみないとか、何事もうまくいくだろうというように楽天的で能天気なことと、困難の中にあってもなんとかしようという希望をもっている楽観主義とは大きく異なるのだ」と。つまり、人生には悲しみや苦しみがあるからこそ、幸せや喜びをよりはっきりと実感できるのです。日本剣道の歴史も人生と同様に、ときにネガティブな出来事に直面しながらもそれを乗り越え、脈々と未来へ受け継がれていくことでしょう。

十五秒以内二つまで。フィードバックの法則

「どうしたらもっとよい技が出るのか。もっとうまくいくのでは……。次はこんなふうにしてみよう」など、われわれは稽古後に自らを振り返りながら、その情報を次の稽古や立合に活かしています。この行為は「フィードバック（feedback）」と呼ばれ、スポーツ心理学では、「行動や反応についての情報（結果の知識）をもとに、その情報を修正しながら、より適切なものにしていく仕組み」と説明しています。

フィードバックの種類は「内的フィードバック」と「外的フィードバック」に大別されます。内的フィードバックとは、体内の筋感覚やバランス感覚から情報を得るもので、上級者になるほどこのタイプのフィードバックを多く用います。ですから、初心者や運動中の微妙な筋やバランスの感覚の違いに気づくことができない人には難しいと考えられます。

一方、外的フィードバックとは、自分の身体から外に出て、ビデオ映像やコーチなど自分以外の眼から得られた情報によってフィードバックされるものです。剣道の試合後に選手が監督からアドバイスをもらっているのはまさに外的フィードバックといえます。

そこで、次にどのようにフィードバックを用いることで運動技能の習得や修正に効果を上

げるのかについて、ケル（Kerr, 1982）の研究を参考にしながら効果的なフィードバックの方法を紹介します。

一、フィードバックを与える人

フィードバックがないなかで練習していても学習の進歩は停滞してしまい、フィードバックの回数が運動学習の促進と密接に関係していることが明らかになっています（Kerr, 1982）。つまり、いま自分ががんばっていることが本当に必要で正しいことなのかを的確に判断してくれる他者の存在が重要なわけです。自分だけで筋感覚のみを頼りに行なうフィードバックは極めて難しく、これができる人は熟練者に限られます。

二、フィードバックの具体性

「すごくいい」「ぜんぜんダメ」「へたくそ」などのフィードバックは質的フィードバックと呼ばれ、ないよりはいいのですが、あまり有効とはいえません。それよりは、「もう少し胸を広げて」「あと一秒だけタイミングを速くできないか」「左肘を伸ばすことを考えて打突をしたらどうか」など具体的な情報を含んだ量的フィードバックが有効なのです。

三、フィードバックのタイミング

運動実行後、どれくらいでフィードバックされることが有効でしょうか。じつにそれは「十五秒以内」が有効とされています。思いのほか短時間であることに驚くでしょう。ケル（Kerr, 1982）の研究結果からも、運動の実行後フィードバックを受けるまでにもう一試行運動をしてしまうとフィードバックの効果は非常に悪くなることが示されています。フィードバックする際には、成功したか失敗したかという結果よりも、うまくいったとき・うまくいかなかったときに「どんな感覚」だったのかを具体的情報として知る必要があります。ですから、しばらく時間が経ってから「二試合前の試合中に打った面はとてもいい面だったね」とほめても学習効果はほとんどないのです。

四、フィードバックの量

人が一度に処理できる情報量には限界があります。フィードバック情報はぜいぜい「二つまで」にすること。私自身もよく反省することなのですが、この選手にもっとよくなってほしいと考えるあまり一度にたくさんのフィードバックをしてしまう。フィードバックのたびに選手は「はい！　はい！　はい！」と真剣な顔で「はい！」を連発するのですが、最後に「なにがわかったか言ってみなさい」と少々意地悪なことを言うと「はい？」と疑問形で聞き返してきます（笑）。フィードバック情報が多すぎるための失敗例です。

第3章

成功の法則、失敗の法則

伸びる集団、伸びない集団

我々はさまざまな「集団」の中で暮らしています。この集団とは、家族という小集団にはじまり、地域、職場、学校、趣味のサークルに至るまで様々です。もちろん、道場や剣道部も集団という定義に含まれ、それぞれが属する集団から強い影響を受けています。ですから、まとまりのある集団にいるならば、その集団から良い影響を受け、それが恩恵として形づくられることも想像しやすいでしょう。まとまりのある集団では、メンバーがその集団の一員であり続けたいと願う気持ちを増幅させ、その集団に属していることで自分自身の評価を高めると考えられます。この「集団のまとまりの強さ」を心理学では「集団凝集性《ぎょうしゅうせい》（group cohesiveness）」と呼びます。

集団凝集性は、課題凝集性（task cohesion）と社会的凝集性（social cohesion）という二つの基礎の上に成り立っています。課題凝集性とは、メンバーの共通の課題達成という目標に向かって協力する力のことで、一方、社会的凝集性とは、メンバー相互の人間関係の良好さと解釈することができます。すなわち、その集団の力を高めようと考えるならば、ただ単にみなが同じ目標に向かって努力するだけでなく、お互いを尊重しながら良好なコミュニケ

ーションを図ることが重要だといえます。

スポーツ心理学領域の集団凝集性の研究は、「チームづくり」というテーマで主にサッカーやバスケットボールなどのチームスポーツを対象として進められてきました。この研究結果から、チームスポーツでは、たとえ個々の技術や能力が高くてもチームとして集団凝集性が低くチーム内のコミュニケーションが円滑に機能していなければ、よい成果が得られないことがわかってきました(Carron, 2002)。

マイケル・ジョーダンという比類なき才能を持ったバスケットボール選手がシカゴ・ブルズというプロバスケットボールチームに入団したと

き、だれもがこのチームの躍進を疑いませんでした。しかし、意外にも彼の加入後、チームは低迷していくのです。ジョーダンはバスケットの技術もセンスも抜群でしたが、自分ですべての得点を取ろうと躍起で、常にボールを自分に集めるよう要求したのでした。これが原因となって他の選手のモティベーション（やる気）や集中力は低下していったのです。このときコーチのフィル・ジャクソンはジョーダンのことをこのように評したといいます。「ジョーダンはいい選手だが、偉大な選手ではない。自分の周りの選手をいかすことができて初めて偉大な選手になる」と。この言葉に気づかされたジョーダンは、これ以後コーチやチームメイトとより積極的にコミュニケーションをとるようになり、チームの凝集性は徐々に高まりをみせるのです。そして最終的にはジョーダンのリーダーシップのもとシカゴ・ブルズはチャンピオンチームになっていったのです。

自分の所属する集団の中で、成功も失敗もざっくばらんに共有できるような人間関係が形成されることは、集団としての力を高め、結果的にはそこに所属する自分の強さを高めることにつながるのです。

「お父さんは稽古に行ってはいつも飲んで帰ってくる！」と非難され、ちょっと肩身の狭い思いをしているみなさん、これからは胸を張って言ってあげてください。

「俺は別に飲みたくて飲んでいるわけじゃないんだ！　道場の集団凝集性を高めているんだ！」と。でも、たまにですよ。いつもはいけません。家族の集団凝集性が落ち込んでしまいますから（笑）。

成功の法則、失敗の法則

あなたは、成功したときあるいは失敗したとき、その原因をなんのせいにしますか？　じつは、自分で掲げた目標を「達成しやすい人」と「達成しづらい人」がいて、その違いにはある一定の法則が存在するのです。

それは、成功・失敗した後、その原因の求め方に関係しています。この「〇〇のせいにする」ということを心理学では「帰属（きぞく）」という言葉で表現し、原因をなにに求めるかを「原因帰属（casual attribution）」と呼びます。この原因帰属は、ワイナー（Weiner, 1971）という心理学者が提唱した理論で、心理学界ではとてもメジャーな理論のひとつになっています。

原因帰属理論では、成功・失敗に関する原因として四つの要因（能力や才能、課題の困難度、努力、運）を想定し、それに、統制の所在（要因が個人の中にあるか、外にあるか）、安定性（要因が安定しているか、不安定で一時的なものか）の二つの次元を組み合わせて説明しています。これをわかりやすく整理したのが表1です。

たとえば、自分の思い通りの結果が得られたとき（成功したとき）、それを「たまたま運

表1　原因帰属理論(Weiner,1971)

安定性 統制の所在	安　定 （すぐに変化しない）	不安定 （変化する）
内的 （自分のせい）	能力や才能	努力
外的 （他のせい）	課題の難しさ	運

がよかっただけ」と不安定なもの（変化するもの）に帰属したならば、次も運がある保証はないわけですから次への失敗不安は高まります。

　また逆に、うまくいかなかったとき（失敗したとき）、その原因を自分の能力や才能のような安定したもの（すぐには変化しないもの）に帰属したならば、きっと「がんばっても無駄。またダメだろうなぁ」、そんななげやりな気持ちになることでしょう。

　このように間違った原因帰属の仕方は、今後の動機づけ（やる気）にもいい影響を与えるはずがありません。それよりは、成功したときには「俺には能力と才能がある。次もきっとうまくいく」、失敗したときは、「今回の課題はあまりに高すぎたかも。もう少し課題のハードルを下げてみようか」と考えるべきです。

　しかし、この考え方にも「落とし穴」があります。それは、人は往々にして能力や才能におぼれてしまうのです。つまり、自分の能力・才能に酔いしれるあまり努力の必要性を忘れてしまうことに他なりません。

　そこで、最善の原因帰属とは、「努力」といえます。「うまくいったのは努力をしたから」「うまくいかなかったのは努力が足りなかったから」と帰属することで、次もがんばろうという動機づけを高めていくのです。

たしかにこの世界にはたいして努力をせずともいろんなことを器用にたやすくこなす人がいるのは事実です。そんな場面を目の当たりにすると「この人はまさに天才だ！」と感嘆してしまうものです。

わたしにも学生時代、そんな天賦の剣道センスに恵まれた友人がいました。これは、大学を卒業後数年経ったある日、その友人と再会したときのエピソードです。

意外にも彼はすっかり剣道をやめてしまい、竹刀に触ることもないようでした。「君ほどの剣道センスを持った人が剣道をしていないなんて…」。もったいない思いで、ついそんな言葉が口をついて出てしまいました。しかし、彼が口にしたのはこんな言葉でした。

「僕にはたいていのことはなんでも他人より器用にこなすセンスがあったと思う。それによってそれなりの勝利や成功も手にした。でも、僕にはある重要なセンスが欠けていた。それは、『続ける』というセンスなんだ」

よく剣道では「続けた者が勝ち」だといわれます。たとえ、不器用でも続けているうちに花が咲く。その花はいつ咲くかわかりませんが、地道に水をやり続けなければ花は咲かないのも事実といえるでしょう。

数知れぬ実験や調査をくり返しながら人生の大部分を動機づけ研究に費やし、原因帰属理論を構築した心理学者・ワイナーが最終的に導き出した結論は、運命を変えていくためには「努力」に勝るものはないということでした。複雑な理論の裏側にワイナーの人間臭さを垣間見た気がします。

心根を耕すエピソード記憶

記憶とは短期記憶（short-term memory）と長期記憶（long-term memory）に大別されます。短期記憶とは電話番号案内で聞いた番号をダイヤルするまで覚えているようなもので、その持続時間は三十秒程度と短く、ダイヤルするとすぐに忘れてしまいます。

一方、長期記憶とは短期記憶のくり返し（リハーサル）によって長期にわたって保持される記憶であり、自分の生年月日や自宅の電話番号などもそれにふくまれます。

長期記憶に関しての研究は、ドイツの心理学者・エビングハウス（Ebbinghaus, 1885）が一八〇〇年代に行なった実験に代表されます。この実験は、意味のない単語を完全に記憶したあと、どれだけの期間それを忘れないでいられるかを調べたものです。この実験結果から、二十分後には四十二パーセントを忘れ、一時間後で五十六パーセント、二日後には七十パーセント以上を忘れてしまうことが判明しました。つまり、人間は一度記憶したと思っていても意外に短時間で忘れてしまうようです。この実験結果を踏まえると、稽古後にメモを残したり、剣道日誌をつけたりする習慣は、理にかなっていることといえるでしょう。ただし、それを自分のものとして長期にわたって定着させるには、短期記憶が長期記憶に転送される

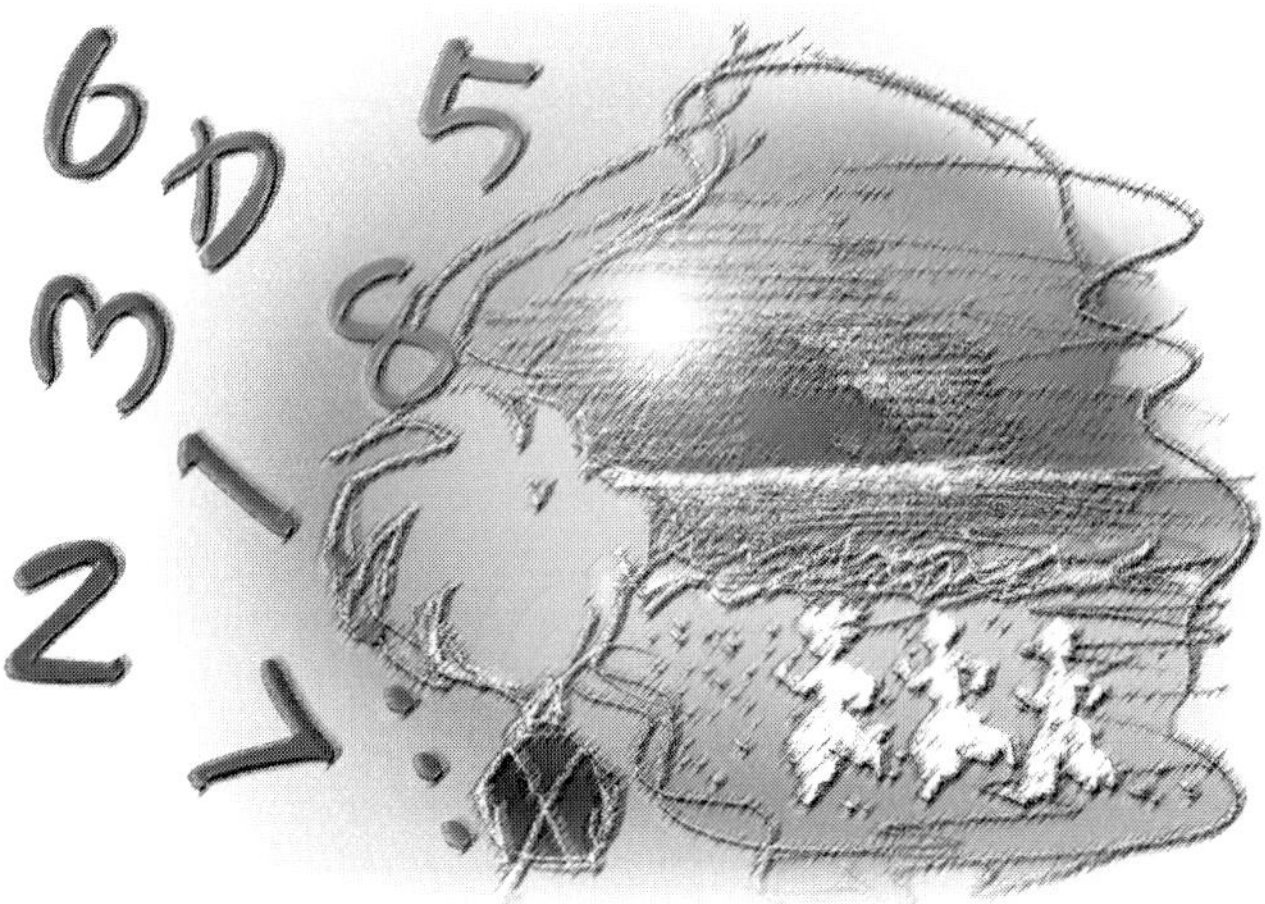

まで反復することが必要とされるのです。

さらに、タルヴィング（Tulving, 1972）という心理学者は、長期記憶には意味記憶とエピソード記憶の二つのタイプがあることを述べています。意味記憶は、長期記憶のうち、いつどこで学習したかを特定できない知識・事象に関する記憶のことです。たとえば、言葉の意味、言葉の使い方、算数や国語の知識などもこれにあたります。これに対して、エピソード記憶は、学習の「時間」、「場所」が特定できる事象の記憶のことで、そのときの「感情」もふくまれます。

「高校三年の夏、うだるような暑さの総体会場で勝負の行方は代表戦へ。

息のつまるような緊迫した攻防の中、両者有効打突のないまま時間だけが進んでいく。汗が足を伝わって床まで流れ落ちる。祈るように見つめるチームメイト。その目の前でわずかに残った力を振り絞って放った跳び込み面。相手も最後の力を振り絞って打ち込んでくる小手。面か小手か。そして、まるでスローモーションのように審判の旗が上がる。どっちが勝ったのか。無情にも審判の旗は相手の小手に上がる。負けた。どれだけぬぐっても涙があふれてくる。いつもは厳しい先生の声も今日はやけに穏やかだ。そして我々三年生の今日までのがんばりをねぎらってくれた。先生の声も少しふるえていた。その声を聞き、さらにからだの奥から熱いものがこみ上げてきた」

このようにエピソード記憶は、自分を過去の出来事が一連の物語としてつながった自叙伝的な記憶のことなのです。そして、エピソード記憶の特徴は、強い感情と結びついて記憶された出来事を後々まで記憶し続ける傾向を持つことです。きっと剣道を続けてきた人ならば、それぞれに剣道人生の中で感情と結びついた物語を持っていることでしょう。だからこそ、その記憶は時間が経っても決してなくなることはありません。しかも、その記憶の内容は時間の流れとともに単なる出来事としての記憶ではなく、よりドラマティックに美しさを増しながら再構成されていくのです。

我々が今経験している出来事は、未来に記憶を残す作業であるともいえます。未来に記憶を残すために生きていくとはなんとも味気ない感じですが、未来に美しい「想い出」を残すために生きていると考えるならば、少しはロマンチックな作業に感じられますね。

心を読む。予測する力を養う

私は仕事柄、大学生の就職に関連してさまざまな企業の経営者や担当者と懇談する機会があります。その中でいつも指摘されることは、今の大学生には「コミュニケーション能力が欠けている」「相手の考えていることが読めない」ということです。この傾向は全国的なもので現実に大学では学生のコミュニケーション能力拡大のために、コミュニケーション能力開発セミナーやワークショップなどを開講し就職対策に追われています。ですが、昔に比べ、現代の若者はしっかりと自己主張したりアピールしたりすることが上手になっている感はあります。それでは、このコミュニケーション能力の低下とはなにを指しているのでしょう。

普段、我々が対人的に用いているコミュニケーションは、「パーソナルコミュニケーション（personal communication）」と呼ばれ、言語的コミュニケーションと非言語的コミュニケーションに大別されます。言語的コミュニケーションは、文字通り言語を使うやりとりのことです。一方、非言語的コミュニケーションは、言語以外の表情、しぐさ、姿勢、ジェスチャー、声のトーンなどの非言語表現で行なうコミュニケーションなのです。

社会心理学の研究結果によれば、意外なことに現代人は日常の生活のなかで言語的コミュ

ニケーションより非言語的コミュニケーションをより多く用いながら暮らしていて、非言語的コミュニケーションが占める割合はなんとコミュニケーション全体の九十パーセント以上を占めているというのです。
　ある大手企業のトップは私にこんな話をしてくれました。「コミュニケーション能力とは決して愛想よくだれとでも話せることのみではありません。相手が今どんなことを考えているかを予測する力なのです」。これは、相手とのコミュニケーションの中で、言語情報だけでなく、非言語情報にも注目しながら的確に状況を把握し、先回りして相手の求めているものを提案するということと考えることができます。とかくコミ

ュニケーションとは、相手の言葉をよく聴き・理解し、自分の述べたいことも理解してもらうことに目が向けられがちですが、じつは現代人に求められているのは、相手の表情や動作、雰囲気などの非言語表現から心情を読み取る力ではないでしょうか。

剣道では発声を除くと、相手と竹刀を通した非言語的コミュニケーションをくり返していきます。剣道具をつけ表情や動きはますますわかりづらくなる中で、竹刀から伝わる感覚と相手の身体から発せられるエネルギーを感じながら考えを読み、打突の機会をさぐり合っているのです。こう考えると、剣道の稽古とは現代に欠けている「相手の心を読み取る力」を育てるための修錬をくり返しているといえるでしょう。

人の心を完全に読むことなんてできるはずはありません。人間はそんなに単純なものではないはずです。しかし、非言語的な部分に心を読むヒントが隠されている可能性は大きいことは確かなのです。剣道の修行が、単に剣道が強くなることに向けられるだけでなく、人間関係やビジネスにも活かされるならば、剣道の持つ付加価値はさらに高まることでしょう。

順序に注意。心に響く言葉のかけ方

たったひと言が深い闇から光の差し込むほうへと救い出してくれることがあります。そして、間違いなく良い指導者は、言葉を大切にしています。ほめたり叱ったり、押したり引いたり。それはまるで気持ちの綱引きのようです。

心理学者のアッシュ（Asch, 1946）が、過去におもしろい実験を行なっているのでご紹介しましょう。ある人（AさんとBさん）を紹介する際の説明文が二つあります。この説明文を読みながら、それぞれ二人の印象について考えみて下さい。

Aさん「この人は、知的で、勤勉で、衝動的で、批判的で、がんこで、嫉妬深い人です」

Bさん「この人は、嫉妬深くて、がんこで、批判的で、衝動的で、勤勉で、知的な人です」

この二つの文章を読むと、おそらくAさんの人物像は「まじめな人柄」ではないでしょうか。一方、Bさんの人物像は、なんだか「偏屈でつき合いづらい感じ」がするでしょう。ここでタネ明かしをすると、じつは、二人の説明に用いられている形容句は同じもので、説明文ではただ形容句の順序を逆に並べたにすぎないのです。

このように、同じ内容であっても言葉の順序が変わるだけでこれだけ印象が変わってしま

うのですから、指導場面での言葉のかけ方を効果的に用いるためには、かける言葉の内容だけでなく、『順序』にも注意をはらう必要があるわけです。ですから、「あんなにあわてて面にいくから小手を打たれただろっ！　でも最初に打った面は見事だったけど」という具合に言葉をかけられた場合、強調されるのは「小手を打たれて悪かった」という印象なのです。とくに純粋にほめられてやる気を出す子どもにとっては、せっかくのやる気がそがれてしまう結果にならないよう充分に配慮すべきでしょう。

さて、私には忘れられない少年剣道指導者と子どものエピソードがあります。それは、少年剣道の試合での出来事です。ある子どもが試合に出場しましたが、ほんの数秒で簡単に負けてしまったのです。いわゆる、「いいとこなしの二本負け」でした。試合後、子どもはしょんぼりしながら先生のもとへ向かいました。どんな言葉をかけるのか、私は二人に注目していました。肩を落としたその子に先生がかけた言葉は意外なものでした。

「おまえは本当に幸せ者だよ。だって、おまえの母ちゃんはねぇ、おまえがケガをしないかそれを一番に心配していたんだよ。やさしくていい母ちゃんだなぁ。ケガしてないな、よかった、よかった」

剣道についてのコメントは一切なし。内容はお母さんの話。しかし、うなだれていた本人はちょっとうれしそうな顔になりました。こんな言葉のかけ方があるのか！　衝撃的でした。

はたして、この指導者の言葉かけの方法は正しいのか？　それを単純に結論づけることはできません。なぜなら、指導者の持ち味や技量、指導される側の発達レベルやパーナリティ、目標はなにかなど、その変数のかけ合わせはあまりに多くかつ複雑だからです。ただ言えるのは、大負けしてもほめられて元気を取り戻したその子の様子を見ていたら、勝ち負けなんてどうでもいいことに思えてきて、なんだかあたたかい気持ちだけが残ったのでした。つまるところ、いい指導者とは、ほめる所をたくさん見つけられる人ではないでしょうか。

壊れる前に……。こころの緊急避難

疲れきって思考がまとまらない。でも仕事は待ってくれない。そんな現実の中で、逃げ出してしまいたいと思うときがあります。こんなとき、ふと楽しい夢を見ることがありませんか。これは逃避機制のひとつで「白昼夢」といわれるものです。逃避にはこの他にもさまざまなものがあります。

仕事の不満をアルコールでまぎらわしたり（現実への逃避）、学校嫌いの子どもが朝の登校時間になると腹痛や発熱を引き起こしたり（病気への逃避）、困難な場面との接触を避け、だれとも話さずに部屋に閉じこもったり（退避）、下の子が生まれから上の子が親の関心を得るために指しゃぶりをはじめたり（退行）。これらの行動はすべて逃避に含まれ、強いストレスや欲求不満から自分を守るため、意識的・無意識的に行なっている適応機制のひとつなのです。これが柔軟に機能しない人はストレス耐性に乏しく、心の病気にかかったり、身体に不調をきたしたり、より重篤な状態へと進展していくのです。

たしかに逃避は根本的に問題解決を図ることはできません。しかし、悪いコンディションを一時的に緩和させるために機能しているのも事実なのです。ですから、逃避行動とは、い

わば「心の緊急避難所」のようなものといえます。
警察庁のまとめたデータによると、我が国の二〇〇九年の自殺者数は三万二千七百五十三人、なんと一九九八年以来十二年連続で年間三万人を超えているのです。日本武道館を超満員にしても一万五〇〇〇人ですから、一年間の自殺者は超満員の日本武道館二つ分に相当し、その命が一〇年以上にわたって失われ続けているのです。
一方で、ストレスに強く自殺に至らない人には特徴があるといわれています。それは、自分の世界を複数に持っていること。そして、その世界はなるべく性質の違った世界であることが望ましいのです。たとえ仕事に行き詰まっても、まったく別の世界を持っていることで、それが自分の拠り所となり、自己が破滅する危機から救ってくれるわけです。

そういう意味では、我々には「剣道という世界」があります。道場で相手とのやりとりに力と技のすべてを出し尽くし、稽古に没頭している瞬間は、日常のイヤなことは忘れているはずです。こう考えると、剣道は心の柔軟さを維持することにも一役買っています。

この一〇数年あまり、どれだけ頑張っても生活がよくなっているという実感はつかめず、いつまでがんばり続ければいいのかと将来を不安に思うこともあるでしょう。ですが、一方でこの不安のすべてが魔法のように一瞬にして解消されることがないのも、みな知っているはずです。それだけに現代社会に暮らすということは、「どうストレスとうまくつきあいながら生きるか」が課題といえます。

ほんのわずかなひとときだけでも苦しい現実から心が離れ、イメージの中で好きな世界を描き出すことが自分を救うことであるとするならば、たまの白昼夢も無駄にはならないはずです。

各駅列車にゆられ防具ひとつ担いで全国各地を巡る。気の向くまま今日もどこかの道場で汗を流す。私の白昼夢はこんな「旅番組のような剣道の旅」。まあ、しばらくは夢の中だけの旅になりそうですが…。

能力爆発の発声、自己暗示の発声

ハンマー投げの室伏広治選手（アテネオリンピック金メダリスト）は、なぜ投げる時に「ンガーッ」と叫ぶのでしょう。また、卓球の福原愛選手（ロンドンオリンピック銀メダリスト）が叫ぶ「サー」にはどんな意味があるのでしょう。

スポーツ心理学者の藤野（二〇〇八）は、一流のアスリートが出す声（スポーツオノマトペ）を研究しています。そのなかで発声が運動パフォーマンスに与える効果について以下のようにまとめています。

①パワー、スピードを向上させる
②リズム、タイミングを調整する
③リラックスさせる
④モチベーションの促進
⑤威嚇（いかく）・挑発

室伏選手は身長百八十七センチ、体重九十九キロと日本人にしては立派な体格の持ち主ですが、オリンピックに出場するような投擲（とうてき）競技選手の中では最も小柄といえます。この体格のハンデを克服するため彼が磨きをかけたもののひとつは「声」でした。彼がハンマーを離す時に発する声は明らかに他の選手から抜きん出て「大きく豪快」です。発声の効果のひとつに「シャウト効果（シャウティング効果）」があります。これは重いものなどを持ち上げる時に大きく発声することで、通常では出せない大きなパワーを出すことができる効果です。

じつは人間の筋力発揮は、三十パーセントから四十パーセント程度の余力を残して出力されると考えられています。いつでも百パーセントのパワーを出せるようにしたならば、筋繊維や骨がダメージを受け壊れてしまうリスクがあります。そのため、通常は脳が自動的に回避・抑制のために筋力発揮を制御しています。しかし、緊急事態に直面した際などには制御（リミッター）がはずれ、自分でも信じられないほどの大きなパワーを発揮することがあります。よくこれを「火事場の馬鹿力」などと表現しています。室伏選手が究極のパフォーマンスを実現している要因の一つは、筋力の制御をはずし、自分の持つパワー

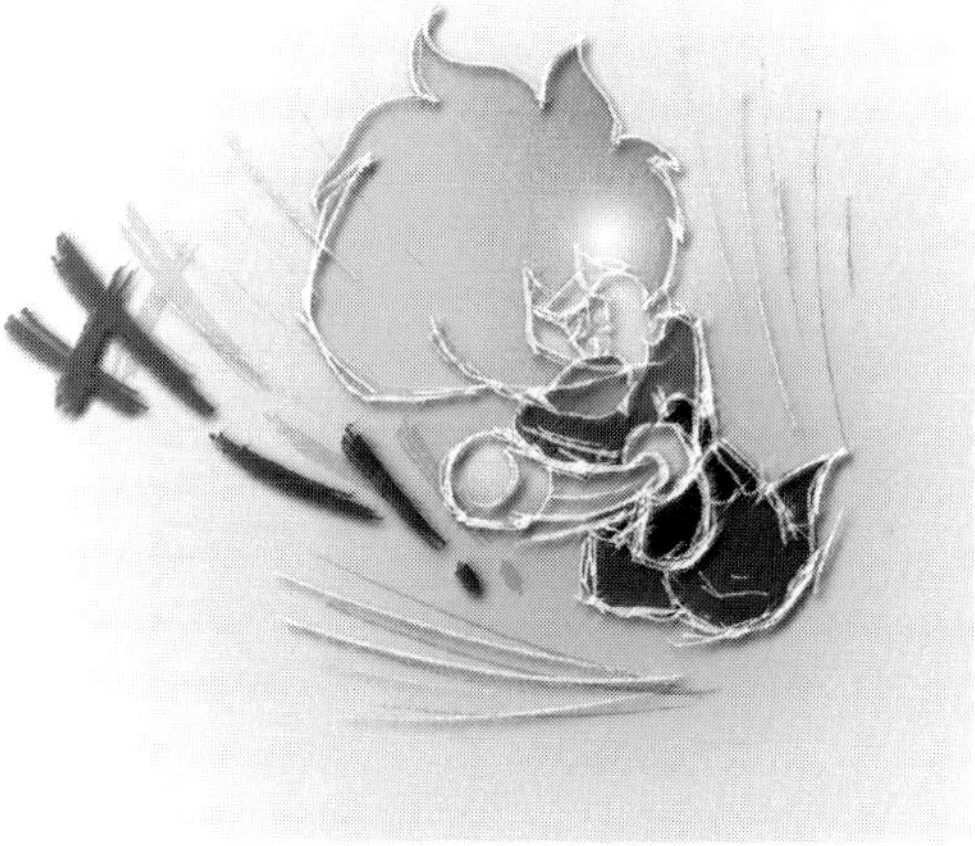

を最大限まで引き出しているところにあるようです。そして、この潜在的なパワーを目覚めさせるスイッチの役割を「爆発的な声」が担っているというのです。

また、卓球の福原愛選手は、試合中に「サー」と叫ぶことがよく知られています。しかし、この「サー」の発声はいつも同じ調子ではなく、力の強弱、運動のスピード、タイミングに伴って微妙に異なっています（例えば、「サー」、「サー、サー」、「サー、サー、サー」、「サー、ヤー」など）。福原選手の「サー」は、とくにセルフトーク（自己会話）と強く結びついているといわれています。セルフトークとは、「大丈夫、私はできる」、「さあ、ここからが勝負」、「強気で！」など、自己に暗示をかけるように使われます。しかし、激しいラリーの応酬中にブツブツとつぶやいている時間などありません。そこで、福原選手は自分に向けたセルフトークを凝縮して「サー」というひと言に込めているわけです。ですから、重要な場面でポイントをあげた時の「サー」は「よし、いける！」という自信の表れであり、また相手の連続ポイントでピンチに立たされた場面での「サー、サー」は「いやいや、勝負はこれから！」という気持ちの表れだったりするのです。周囲には分からずとも、本人にとってはピンチ、チャンス、励ましなど様々な意味がつまった「サー」だったのです。

「剣道には発声はつきものだから漠然と…」。もし、今までこのように考えていたならば、今が考え直すチャンスではないでしょうか。「声」はいい動きとパフォーマンスをつくり出す技術。そう考えるならば、明日の稽古で出す第一声の意味もきっと変わるでしょう。

世界剣道選手権大会。日本大将の誇り

二〇〇九年十一月、全日本剣道ナショナルチームの大将を務めた栄花直輝選手（第十二回グラスゴー大会／二〇〇三）と寺本将司選手（第十四回ブラジル大会／二〇〇九）と三人で話す機会がありました。当時、寺本選手は世界大会で個人・団体ともに優勝し、一躍時の人になっていました。

食事をしながら会話は進み、話題は第十二回世界大会での韓国との決勝戦の話に。この試合は、栄花選手が韓国の大将キム・キョンナム選手を代表戦の末に片手突きで破り、日本を優勝に導いた歴史に残る劇的な試合でした。

韓国との決勝戦前の緊迫した場面でのこと。今までに経験したことのない強いプレッシャーが選手の全身にのしかかる。その中で日本の大将・栄花選手が発した言葉を寺本選手は今でもはっきりと覚えていました。「みんな、大丈夫だ。なんとか大将までつないでこい。最後は俺がなんとかする」。この栄花選手の自信に満ちたひと言がきっかけとなり、過緊張気味であったチームのムードが変わり、チームはよりいきいきと最後の大勝負を戦うことができたのでした。

この大会以後、寺本選手は「日本の大将」としての責任を強く意識するようになったといいます。どんな苦しい状況でも動揺せずに戦える強さ、どれだけ大きなプレッシャーにも屈せずチームのみんなを鼓舞するリーダーシップ。栄花選手がみせた「日本の大将としての強さ」を実感した日から、寺本選手のそれを追い求める長い旅が始まったのです。

「私の頭から日本の大将としての栄花さんの姿が離れることはありませんでした。私は日本の大将にふさわしい強さを持っているか、これで日本の大将が務まるのか。そんな自問自答をいつもくり返していました。

しかし、今振り返ってみると、このプレッシャーが私の力を高める原動力となった気がします」。丁寧に噛みしめるように話す寺本選手の言葉は、日本剣道が世界の頂点に返り咲いた歓喜と興奮とはまったく対極から発せられた、じつに穏やかでやさしいものでした。ブラジルの世界大会で彼がみせた日本の大将としての強さと自信は、じつはかつての日本の大将・栄花選手の姿からずっとつながっていたのでした。

こんな寺本選手の話をきいた後に、私は栄花選手がどのような気持ちでその言葉を発したのか、率直に尋ねてみたくなりました。

「俺、そんなこと言ったかなぁ」。私の質問に答えた栄花選手は、ちょっと照れくさそうでしたが、そのあとにこう続けました。「そうは言っても不安や心配はないはずがないよね。むしろそう言って自分に言い聞かせていたのかも知れないなぁ」。しみじみと思い返すように小さくうなずき、そしてやさしく笑いました。

栄花選手もかつて日本の大将としてどうあるべきかを悩んだといいます。稽古で悩み、試合に迷い、そんなとき彼が考えたことは、自分の剣道の原点に立ち返って自分を見つめ直すことでした。この作業は、世間の人が抱く剣道トップ選手の華やかな表側とは正反対の、苦しさに向き合いながらひたむきに活路を模索する地味な裏側といえるでしょう。

自信は日々の努力でつくるもの。そしてプレッシャーは自分を強くするための良薬。良薬とは決っして甘いものではありません。「良薬口に苦し」といいますからね。

本番を明確にイメージ。サッカー本田圭佑選手に学ぶ

二〇一〇サッカーワールドカップ南アフリカ大会は、大興奮のうちにスペインの優勝で幕が閉じられました。この大会で日本チームは世界にチーム力を見せつけただけでなく、個人のポテンシャルの高さも大きく注目させたのでした。そして、その中心選手は、まぎれもなく二ゴール、一アシストの結果を残した本田圭佑選手（ACミラン）でした。

当初、私は本田選手の自信たっぷりな物言いや自己中心的な態度に少々違和感を持っていました。しかし、同時にこの強気な言動や態度が、ワールドカップ直前、負け続きで意気消沈している日本チームになんらかの化学変化をもたらしてくれないかと期待していました。

いよいよワールドカップが開幕し、マスコミはこぞって試合直前の日本チームの特集番組を企画し、その番組の中で本田選手はこんなコメントを残しています。

Q一「ワールドカップで勝つためには、なにが必要だと思いますか？」

A一（本田）「僕はとにかく『準備がすべて』だと思うんです。ワールドカップで日本が勝つためには、『良い準備』が必要です。そして僕にはもうその準備が十分できています」。

Q二「本田選手の言う、その準備とは？」

A二（本田）「僕はワールドカップ以前の試合からいつも自分にプレッシャーをかけ、ワールドカップを想定した本番のイメージをつくってきました。つまり、緊迫した場面で『これがまさにワールドカップその時！、これを決めないと日本が負ける』ということを考えながらプレーしてきました。これが僕の言う『準備』です。だからすでに僕にはあらゆる状況がイメージできています」。

このインタビューを観て驚きました。彼がしていたことはスポーツ心理学の理論によく合致しているのです。私はなんだかこの本田圭佑というサッカー選手に対して無性に興味を抱き始めました。

彼を知るにつれ、最初のイメージとはまったく異なった緻密でストイックな彼の人間像が見えてきました。彼は若い頃からずっとサッカーノートを書き続けています。その日の練習内容に始まり、自分のコンディション、目標と課題、その日何を食べたかに至るまで詳細に書き記され、今でも自己管理に努めています。また、海外でのプレーを想定しサッカーの技術を磨く一方で語学の勉強も進めていたのです。彼はサッカー人生の目標に世界を代表するスター軍団で構成されるスペインのプロサッカークラブチーム「レアル・マドリード」の一員として活躍することを掲げています。どうやら彼はただ純粋に目標だけを見て生きている人のようです。そう考えると、彼のストレートで強気な発言や自己主張も、海外で生き残っていくために必要なことだったのかもしれません。

そして、いざワールドカップでの日本の戦い。本田選手の言葉どおり、彼はここ一番という大事な得点場面にすべて絡み、日本を決勝トーナメントに導く立役者となったのでした。そして試合後、世界の名だたるビッグクラブが彼を獲得するために動いたといわれ、彼は自分の力で目標を実現させようとしています。

武道とプロスポーツを一緒に考えることは無理がありますし、剣道とサッカーを同じに扱うことはできません。ですが、本田選手が真っ直ぐに自己の目標を達成しようとする情熱と緻密な準備と研究熱心さには学ぶべきところがあるでしょう。

オノマトペ。擬態語の指導効果

我々はよく「間合にスッと入って、ストーンと面に出た」「相手の手元が浮いた時に小手をパクンと打つ」などの表現を使います。この「スッ」「ストーン」「パクン」などの言葉は、「オノマトペ（擬音語《ぎおんご》・擬態語《ぎたいご》）」といい、この「オノマトペ」を用いた表現は、英語やスペイン語のような欧米の言語ではそれほど多く使われないのです。しかし、日本語の中ではこの「オノマトペ」は日常に欠かすことができないものになっています。

例えば、次の二つの表現を比べてみて下さい。

A「のどが非常に渇いていたので、水をたくさん飲んだ」

B「のどがカラカラに渇いていたので、水をゴクゴク飲んだ」

どうでしょう。オノマトペを用いないAの文章よりもオノマトペを用いたBの文章の方が、より臨場感があり、その情景がリアルに伝わってくるはずです。

このオノマトペを多用する人の代表格に読売ジャイアンツ終身名誉監督の長嶋茂雄氏が挙げられます。あるスポーツニュースで、プロ野球チームのキャンプを訪れた長嶋監督がスランプに悩む打者を指導する様子がテレビに流れていました。

「もっと、グーッとボールを引き込んでからピシッとしてパーンと打ちなさい」

たしかこんな感じでした。残念ながら私には長嶋監督の言わんとすることがうまく理解できませんでした。ですが、驚いたことに長嶋監督のアドバイスを受けたその打者はスランプを脱出しヒットを量産していったのです。その打者とは、シカゴ・カブス（米国・メジャーリーグ）などで活躍した福留孝介選手でした。

ここで重要なのは、技術レベルとオノマトペの関係です。技術レベルが向上してくると徐々に微妙な感覚が成功と失敗を分けるようになります。長嶋監督のアドバイスが功を奏した理由は、受け手（福留選手）の技術レベルが高かったからに違いありません。

注意しなければいけないのは、オノマトペを子どもの指導場面に用いる場合です。オノマトペを多用した指導は子どもを混乱させる場合があります。

「もっとグッと身体を前に動かしなさい」「相手の打ちに対してパパッと技を出しなさい」などといっても子どもがこれを的確に理解できるかどうか、そこが問題なのです。指導者が「なぜ言うとおりにできないのだろう」と困惑するのと同様に、子どもも「どう動けば『グッ』『パパッ』なのか」がわからない場合があるのです。

オノマトペとは、文化的背景と密接に関連していて、それを身につけていくには文化的な習熟が必要になります。ですから、外国人には日本語のオノマトペがわかりづらいこともあるようです。友人の外国人は日本に住んで二〇年ほど経ちますが、いまだに「なぜヘビがニョロニョロなのか」がわからないと悩んでいます。

オノマトペを指導場面で上手に使いこなすポイントは、技術及び文化的習熟レベルに配慮することのようです。このように、オノマトペに注目して考えてみると、改めて日本語の難しさを実感します。しかし、そのオノマトペでなければその状況を的確に表現できないことがあるのも事実なのです。

第4章

有言実行と不言実行

質問力。聞く力を鍛える

「最近うちの子がなにも話してくれないんです」

少年剣道の保護者からこんな相談を受けることがあります。成長過程で子どもの「社会」が拡大し、親が子どもの社会の中心ではなくなっていき、しだいに友人や異性など社会は広がりをみせます。その過程で一時的に親にあれこれ話さなくなるのは、むしろ自然なことといえます。ですが、子どもとの会話が発展しない理由は前述した以外にもあるのかもしれません。

そのひとつは「質問の仕方」です。質問方法には二通りあり、一つは「閉ざされた質問」です。これは、「はい」「いいえ」などひと言で片づけられてしまう質問形式で会話が続きにくいものです。もう一つは「開かれた質問」と言って「はい」「いいえ」では答えづらい質問形式です。例えば「今日の稽古、どんな稽古内容だったの?」「その稽古のどんなところが好き?」など、話し手に主導権を与える質問形式で、このほうが会話は発展しやすく、相手の抱える様子や問題を明らかにしながら、背後に存在する気持ちも引き出せる効果が期待されます。

次に「聞く態度」です。コミュニケーション心理学の先行研究に興味深いものがあります。それは話を聞く態度によって話し手の発言量が変わるというもの。人と人は会話をしているとき、互いに相手のまなざしを感じ、互いの発言を確認したり促したりします。「目は口ほどにものを言う」言葉のとおり、アイコンタクトはきわめて重要です。さらに、相づちを打ったり、うなずいたりすることで会話は促進され、信頼が深まっていきます。つまるところ話し手が話さないのは、聞き手のほうにも問題がある場合があるのです。

そこで、ひとつコミュニケーション・トレーニングで用いられるワークをご紹介しましょう。条件を守り、ふざけたりせずに以下の三つの条件でどれだけ感じが違うものかを体感してください。

三人組をつくり、「話し手＝A」、「聞き手＝B」、「時間を計る人＝C」のように役割を決めます。そして、話し手Aは、聞き手Bにあるテーマについて六十秒間話し続けます。テーマはなんでも結構です。例えば、昨日の出来事、学校での一日、テレビや新聞で見聞きしたトピックなど。

条件①＝話しをする話し手Aに対して聞き手Bは、決して視線を合わせず、手元の本に目をやったり、テレビを眺めたりして、とにかくAを一切相手にしない。けれどもAは必死にBに向かって六十秒間話し続ける（Cは時間を計る）。

条件②＝役割を交代して、話し手Bが聞き手Cに話す（六十秒間）。今度は聞き手Cが話し手Bに対して視線をきちんと合わせ、うなずきながら話しを聞く（Aは時間を計る）。

条件③＝さらに役割を交代して、Cが話し手でAが聞き手になる。聞き手Aは話し手Cに対して、視線を合わせ、うなずきながら、話しに合わせ「へぇー」「そう」「それで」のように話しを引き出す言葉を入れる（Bは時間を計る）。

このワークを行なうことで、改めて聞く態度の違いによって話しやすさがどれだけ違うか、同じ時間でもその感じ方の違いに驚くことでしょう。ちょっとした対話のポイントが話し手の発言を引き出すこと、ぜひ普段の生活やチーム間でも試してみてください。

転換力。失望を希望に変えよう

昇段審査後、審査がうまくいかなかった友人から呼び出しがありました。会いに行くと彼はすっかり自信を無くし意気消沈している様子。「もう剣道やめた」「もう終わり！」などと深いためいきの合間にそんな言葉をくり返しています。その姿はまさに「失望」以外のなにものでもありません。その様子を眺めながら、私はふと「悪魔の道具箱」の物語を思い出したのです。

それは昔々の話です。悪魔は商売道具を売りに出すことにしました。悪魔はそれをみんなが見える棚に並べました。その中にはさまざまなものがあります。きらめく嫉妬の短剣、重々しい怒りのハンマー、欲望の弓、肉欲とねたみの毒矢。その隣には、恐怖と見栄、そして憎しみの凶器など、所狭しと置かれています。そのひとつひとつに名前と値段がつけられています。

その中にずいぶん使い古されたような「木のくさび」を見つけることができました。これにはどの道具よりも格段に高い値段がつけられています。その道具には「失望」という名前が貼られています。なぜ、この道具にはそれだけの値段がつけられているのでしょうか。そ

の問いに悪魔はこう答えました。

「この道具は俺様の持っている武器の中でもっとも役に立つものだ」

悪魔はそういうとそのくさびをいとおしげにさすりながらこう付け加えました。

「このくさびを人間の心に打ち込みさえすれば、その隙間から他のものが入り込むことができるんだ」

そして悪魔はにやりと笑いながらこう締めくくりました。

「失望こそが人間の心に致命傷を与えるものだからな」。

この物語は、人はどんな困難に出会ってもそこから気持ちを切り替え、自らを励まし、再度チャレンジする気持ちを忘れてはいけないことを説いているといえるでしょう。

さて、数々のトップアスリートを育てたメンタルコーチの草分け的な存在であるジム・レーヤー（Loehr, 1995）は、競技者が成功を収めるために必要な能力のひとつにエモーショナル・レジリエンシー（emotional resiliency）をあげています。これは「感情的な弾力性」と訳され、感情的なダメージからどれだけ早く立ち直るか、その立ち直りの速さのことを表現しています。どんなにいい選手でもチャレンジする中では必ずミスはするもの。ミスをしないことではなく、ミスからどれだけ早く立ち直るかが重要であることを彼は強調し、立ち直りの速さは「能力の一部」であると述べているのです。

それでは、感情の弾力性はどのようにして育まれるのでしょうか。その答えの一つとしてジム・レーヤーはチャレンジし続けることをあげています。

「チャレンジとは通常より大きなストレスに耐え、通常の限界を超える機会」であると考え、結果はどうであれチャレンジの積み重ねがメンタルタフネス（心理的なたくましさ）を高めていくことを指摘しています。

心の強さを得る時とはそれほどドラマチックな一瞬ではなく、水滴をコップの中に一滴ずつ溜めていくような緩やかなものなのかもしれません。しかし、いつかコップはいっぱいに満たされていくはず。その時にいったいどんなことが起きるのでしょう。

それを楽しみに失望を希望に代えて、今はまたチャレンジすることを続けようではありませんか。

驚きの強さ。ピーク・パフォーマンス

不安・緊張が身体と調和する時の状態はピーク・パフォーマンス（Peak Performance）と呼ばれています。ピーク・パフォーマンスでは「相手の動きがスローモーションに見えた」「体が自然に動いた」「負ける気がしない」などの特別な感覚になることが報告されています。

では、どうすればピーク・パフォーマンスに到達できるのか。もし、この課題が明確に解き明かされれば、試合や審査の場面で常に最高のパフォーマンスを発揮することに大きく近づくことができるでしょう。しかし、実際にはこの状態に至るためには、さまざまな条件やタイミングが合致しなければなりません。

ピーク・パフォーマンス研究の権威であるスポーツ心理学者・ガーフィールド（Garfild, 1998）は、十八年間にわたり数百名の優秀な競技選手達から、彼らが実際にピーク・パフォーマンスを体験した時の具体的な心身の感覚を面接調査し、その特徴をまとめました。それを以下に紹介します。

一、精神的にリラックスした感覚

選手の多くが述べている感覚が「内面の冷静さ」である。この内面の冷静さとともに、選手はしばしば時間がゆっくりと進行する感覚、高度の集中力を持つ感覚を抱いていた。

二、身体的にリラックスした状態

筋肉がリラックスし、しなやかで精密な動作が行えるという感覚を経験している。

三、肯定的な見通しを立て、自信があって楽天的な感覚

自信と積極的な態度、あるいはうまくやれるという楽天的な内面の感覚は、選手が落着きを保ちながら、自分を潜在的におびやかしている競技上の困難さを成功に転換できるかどうかを決定する主要な要素である。

四、現在に集中している感覚

過去や未来についての考えや感覚は持たない。完全に現在に集中している時、理論的、分析的な過程は消え、すべての動きが努力することなく自動的に起こるという感覚を持つ。

五、高度にエネルギーを放出する感覚

高度にエネルギーを放出する状態を、喜び、絶好調、激しさ、パワーなどの言葉を使って

表現している。

六、異常なほどわかっている感覚

自分の身体と周囲の選手のことがよくわかり、他の選手の動きを予測し、それに効果的に対応する超人的な能力を持つ心の状態がある。この「わかっている」感覚は、現在に焦点を当てる前述の集中している感覚と深く関連している。

七、コントロールしている感覚

ここでいうコントロールとは主として潜在的なものである。ピーク・パフォーマンスの瞬間、周囲の環境や他の選手を故意にコントロールするということではなく、すべてを正しい動きにし、しかも結果がまさに自分の意図した通りになるという明確な感覚が存在する。

八、繭《まゆ》の中にいる感覚

競技者にストレスを与える恐怖や過度の不安や緊張から隔離され守られた感覚として、繭という言葉が使われている。繭の中にいることにより、選手は集中力やコントロール性を保ち、余裕のある状態でいられることを報告している。

ピーク・パフォーマンスを思い通りにつくり出すことは難しいことです。ですが、一度はたどり着きたい境地であることは確か。この機会に、今回紹介したトップ競技者の感覚を手がかりとして、自分自身の持つ感覚と照らし合わせてみたらいかがでしょうか。それによってピーク・パフォーマンスがより具体的で身近な感覚として体現しやすくなるかもしれません。

有言実行と不言実行

二〇一一年の直木賞受賞者のひとりに道尾秀介という作家がいます。彼はこれまで四回連続で直木賞にノミネートされ、ついに五度目にして念願の受賞となったのです。彼はすでに実力派の人気作家として確立していますが、一方で「ビッグマウス」（大口をたたくこと）でも有名でした。例えば受賞前年、直木賞を逃した残念会でのこと。彼は会のはじめに「六ヶ月後の受賞前祝いに来てくれてありがとう。次は絶対に受賞します」と明言。その姿は常に自信にあふれて見えます。しかしその後、彼を追ったドキュメントの中で意外な一面を知ることになるのです。

彼は日々の執筆を始める前に決まって「俺は書ける、俺は書ける…」と二十回声に出して唱えるのです。さらに立て続けに「俺は書く、俺は書く…」と二十回、声を大にして唱えるというのです。

「自信はあります。でも毎日パソコンに向かい、書きかけの小説を開く時、怖くてたまりません」

その発言はいつものビッグマウスとはかけ離れた弱気で繊細さに満ちたものでした。

「文学賞には振り回されたくはない。振り回されないためにはそれを利用するしかない」

彼はあえてたくさんの人の前で自分が成し遂げたいことを言葉にし、弱気な自らの退路を断ち、優れた作品を書かなければならない状況に追い込んでいたのでした。

皆さんは自分で声に出して話しているうちに、自分の言いたいことがまとまったり、新しい気づきが生まれたりすることを経験したことはありませんか。これが「オートクライン（autocrine）」の効果なのです。

考えを言葉に変換するためには頭の中を整理し思考を論理的に構造化する必要がありますが、「考えを音声にする」という行為の中で自分の声が自分の耳から脳に再受信され情報処理が行われます。その過程で脳は活性化し自己認識が強化されるのです。朝の朝礼で会社の理念やモットーを宣言する行為も、オートクラインの効果をねらったひとつでしょう。

でも、できもしないことを人前で「できる」というのはちょっとはばかられるのも確か。であれば、「私は…したいんだ」「こうなりたい」という願望や思いを声に出すのはどうでしょう。重要なのは声に出して自分にも聞かせることで、それによって実感がよりリアルに強化され行動にも影響を与えていくのです。

剣道界で著名な選手や先生方とお話しさせて頂くと、どなたも一様に意外なほど率直に自らの願望や目標を話されることに驚かされます。「五年後には…するんだ」「…のような技が使いたい」「…の技はうまくいかない、もっと…な稽古しないとなあ」。願望から弱点までサラリと。あまりの無防備さとストレートさにドキッとさせられます。こんなことを素直に言葉にできるのは十分な実力と実績を持っているからなのか、あるいは考えを言葉にしてきたから強くなったのか（オートクラインが作用してきたのか）、それは簡単には結論づけられません。ですが、充分すぎる実力と実績を持つ剣士であっても、見据える所は「まだまだ強くなりたい」、「できるようになりたい」という未来の自己像であることは確かなようです。

愛情と承認で人はどんどん伸びる

それは全日本女子学生優勝大会での出来事です。試合に負けた選手達が観覧席に上がってきました。四年生にとっては今日が学生最後の公式試合。拍手で迎えられたものの、接戦を制することができなかった悔しさでその目はすでに真っ赤でした。やがて、選手達は声を詰まらせながらも今日まで応援してくれた家族やチームメイトに感謝の言葉を述べました。

挨拶が終わったところで、ある選手の母は涙する娘をやさしく抱き寄せ、「今日までよくがんばってきたね、おつかれさま」とねぎらいの言葉を伝えたのでした。その光景はまるで幼少年剣道時代にタイムスリップしたかのようで、とてもなつかしく愛情にあふれたものでした。

人は自分の持つ潜在的な可能性を最大限に現実化させることで自己を成長させ、その人の最高の状態を目指そうとします。この傾向を世界で最も著名な心理学者のひとりであるマズロー（Maslow, 1943）が「自己実現」と名付けました。

人は生まれた時から様々な欲求を抱え、それを進化させながらよりよく生きていくための人間像をつくりあげていきます。マズローはこの欲求が五つの階層に構造化されていると述

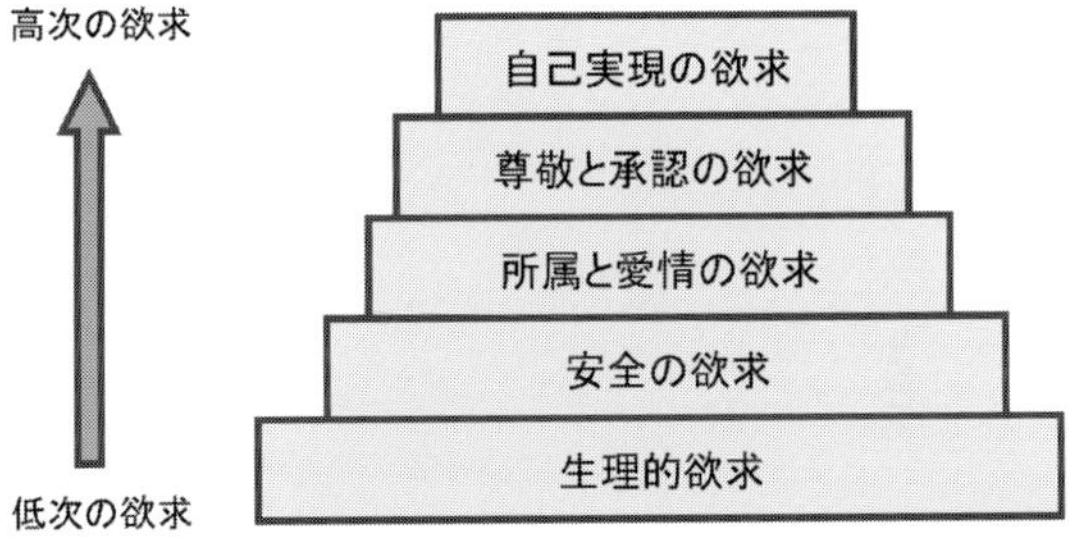

図1　マズローの欲求の階層

べています（図1）。それは、赤ん坊が生きていくために不可欠な食欲や睡眠などの低次な欲求（生理的欲求）に始まり、徐々に危険を避け安心感を得たいという欲求（安全の欲求）↓親しい友人や仲間を得たり愛情を求めたりする欲求（所属と愛情の欲求）↓自尊心を向上させたい、周囲から認められたいという欲求（尊敬と承認の欲求）のように、より高次な欲求へと進み、最終的には、自分がなりたいものになろうとする欲求（自己実現の欲求）へと到達していくことを示しています。つまり、何かに挑戦して新しい自分になろうとする気持ちは人間にとって最も高いレベルの進化した本能といえるのです。さらに、マズローは自己実現の欲求への到達に関して重要な提言をしています。それは、「自己実現への欲求は愛情欲求と承認の欲求が適度に満たされなければ発生しない」ということです。愛情を得られること、認められることの大部分は、他者から与えられて成長するものですから、自己実現のエネルギーが欠乏しているということは、その個人の問題のみならず、本人を取り巻く環境も影響していると考えられるわけです。

では、自己実現しやすい環境を整えるためには具体的にどんなことをすればいいのでしょう。その答えは、「愛情いっぱいにその子ができたことを認めてやる」ことに他なりません。一度自己実現するコツをつかんだ人はその対象が進学や就職、子育てなど異なるものに移ったとしても、同様に自己の可能性を高めようとするエネルギーをため込むことができるのです。

どうぞ、身近で剣道を頑張っている人に声をかけてあげて下さい。愛情いっぱいにその人を認める言葉で。それはきっとその人の自己実現エネルギーを満たしていくはずです。

EQ こころの知能指数を高める

ある少年剣道大会で、私は審判員をしていました。トイレに立ち寄った際、まるで防具に着られているような幼い剣士が、トイレの入り口で乱れたはきものを一生懸命にそろえていました。ふと目をやるとトイレの壁には次のように書かれた一枚の紙が貼られていました。

はきものをそろえると心もそろう
心がそろうとはきものもそろう
ぬぐときにそろえておくとはくときに心がみだれない
だれかがみだしておいたらだまってそろえておいてあげよう
そうすればきっと世界中の人の心もそろうでしょう

この詩は長野市・円福寺の藤本幸邦住職が永平寺のトイレの光景に気づき、それを詩にしたためたものとして広く知られています。

さまざまな評価基準が時代と共に変化しています。例えば「頭の良さ」。頭の良し悪しは従来「ＩＱ（Intelligence Quotient）／知能指数」で評価されてきました（ＩＱ＝精神年齢／生活年齢×１００）。すなわち、ＩＱが高いことはそれだけ頭がいいと考えられてきたわけ

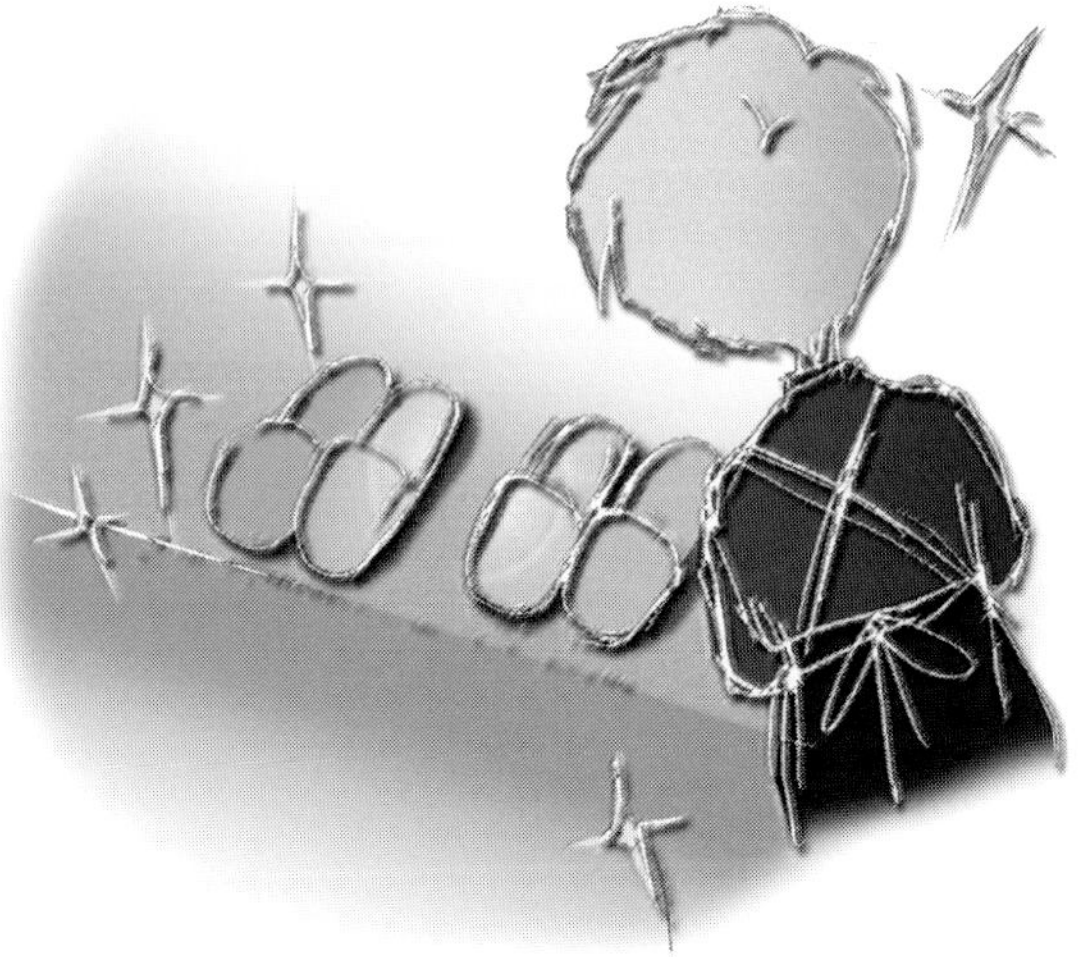

です。しかし近年、ＩＱとは異なるその人の持つ「人間性」という価値観が注目されるようになり、情動に関する能力も人間性の一部として考えられるようになりました。それが「ＥＱ(Emotional Intelligence Quotient)／情動指数」です。ＥＱはもともと一九八〇年代にアメリカの心理学者サロヴェイ（Salovey, 1989）らによって提唱され、その後ゴールマン（Goleman, 1995）というジャーナリストが教育やビジネス、スポーツ等の様々な分野において社会的に成功するために不可欠な能力であることを紹介したことで、その重要性が世界中で注目され普及したのです。

ＥＱは別名「こころの知能指数」と呼ばれ、自分の本当の気持ちを認識し自分で納得できる決断ができる能力（自己認識力）、衝動を抑え自分の感情をコントロールできる能力（自己統制能力）、目標に向かって前向きに考え努力を続けることができる能力（動機づけ）、他人の気持ちを敏感に感じ取り共感する能力（共感能力）、集団の中で他人と協調・協力できる能力（社会的スキル）という五つの能力によって構成されています。実際、我が国においても就職試験でＥＱを重視して採用する企業が増えているのも事実です。つまり、たとえ高いＩＱを備えていても、そのＩＱを使う能力であるＥＱが備わっていなければ意味がないというわけです。そう考えると、「学力があっても知恵がない者は社会で役に立ちません。社会に出るまでに、考える力、イメージする力、実行する力を育んでほしい」と多くの企業のトップが望んでいるのも納得できます。

「ＥＱを育てる」、それはそんなに大げさではなく、ごく日常的な小さなおこないから始まるようです。誰に言われるでもなく、自分の意思で決断し行動する。次に使う人のことも考えてあげる。武道館で黙々とはきものをそろえていた少年剣士のおこないはまさにＥＱを高めることに合致しています。あの少年剣士のおこないがすでに習慣化されていたものなのか、あるいは、今日たまたま一枚の張り紙に出会った結果おこした行動なのか、そのどちらかは定かではありません。ですが、もし、このおこないが今日初めてできたものであったならば、この少年剣士は武道館に来て、試合の内容以外にも大切なことを見つけたといえるでしょう。

ＥＱという将来に向けて開発すべき能力、これを高めるための修行は日常のいろんな場所でできそうです。

継続はちからなり。才能は発達する

よく人は、うまくいかなかった時の言い訳に「私には才能が無いから…」と、あきらめ半分に「才能」という言葉を引き合いに出します。「才能」とは一般的に生まれながらにして備わっているもので、自分ではどうしようもない先天的なものという認識が強いものだといえます。ですから、才能に恵まれない者は努力しても所詮上手になどなれないと考え、早々にその競技をやめてしまうこともあるでしょう。

しかし、近年のスポーツ科学研究から「才能は発達する」ことがわかってきたのです。例えば、テニスではどのようにして選手の才能を発達・開花させるかを組織的かつ科学的に進め、世界レベルの選手を育てるために必要な三段階の育成方針となる要素を明確に定義しています。

第一段階（導入／基礎の段階）

第一段階では、ゲームに対する愛着を持ったりゲームを楽しんだりすることが特徴ですが、選手の発達に極めて重要な目標を「基礎の習得」に置いています。それはコンスタントにショットを打ったり、相手のボールを返球したりできなければ、ゲームを楽しんだり、好きになったりできないからです。そして、発達の初期段階であっても技術面だけでなく、心理面にも習得させるべき課題を明確に示しています。それが「自尊感情」。この感情は自分に対する肯定的な評価であり、「僕はできる」「なかなかたいしたもの」といった気持ちのことです。この感情が高まらなければ、次の段階でやる気の低下、不安の増大、自信の喪失などに結び付いてしまうのです。

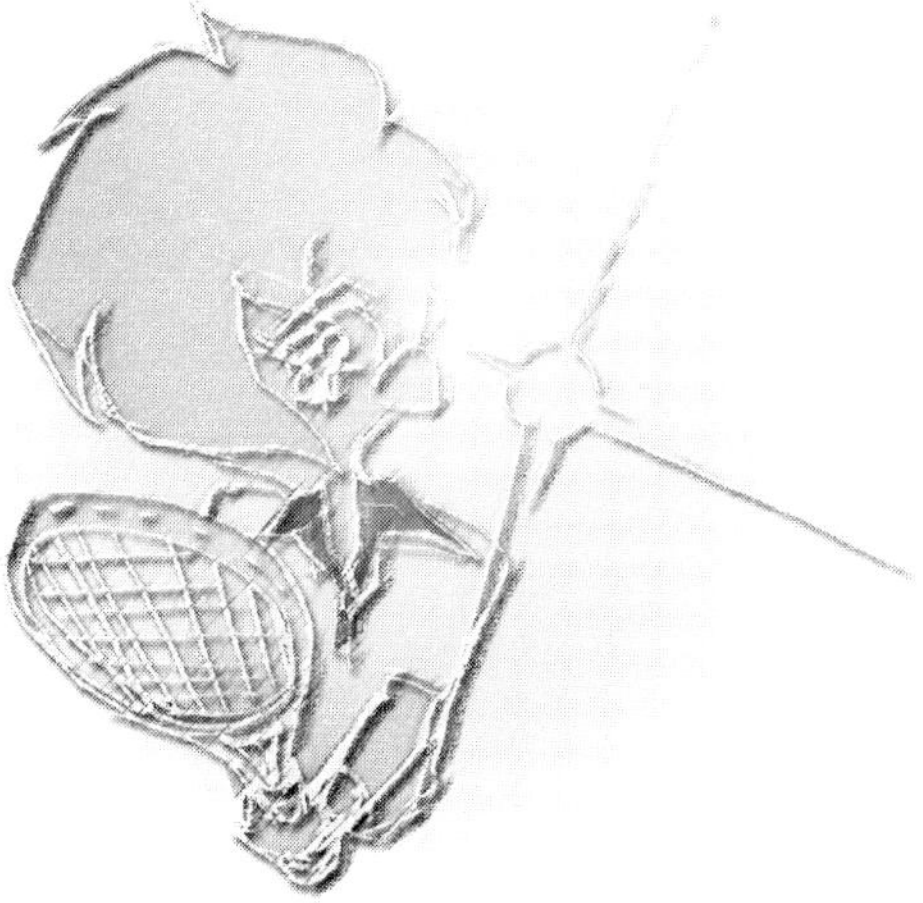

第二段階（洗練／移行の段階）

第二段階では、基礎に磨きをかけ、専門的な技能を習得し、ポジティブで優れた選手になるためには何をすべきかを学びます。そのためには正しい目標設定が不可欠ですが、それは単なる夢や希望ではなく、「より具体的で挑戦できる目標」であることが重要です。さらに、激しい練習や試合から生じるプレッシャーにうまく対処できるようストレスマネジメントや集中力を高めるスキルを身につける必要性が強調されています。

第三段階（世界クラスのパフォーマンスの段階）

第三段階では、ハイレベルな大会に出場する一方で、より専門的な技能の獲得や人格形成に多くの時間が費やされます。この段階になるとパフォーマンスの向上はゆるやかになるので、選手は絶えず自分自身にやる気を持たせ、それを維持する方法を見出さなくてはいけません。そしてコート内外で気を散らすものへの対処や注意が途切れないようにする自己調整スキルの向上が求められます。この段階でもコーチの存在は必要ですが、選手は自分自身で意志決定し、これからますます複雑化する物理的・社会的環境をマネジメントできる能力を開発しなければなりません。

ですが、もちろん世界で通用する選手は一朝一夕に育つはずがありません。テニスにおいて世界一流選手を段階的に育成するには、少なくとも十年、時間にすれば一万時間という長期過程が必要であるといわれています（Ericsson, 1996）。熱心な両親やコーチは選手を早くチャンピオンにさせようと、段階をとばしてしまいがちですが、各段階で重要なスキルが異なることから、これらの一連の段階を通して指導がなされなければ才能は発達・開花しないのです。

才能が発達していくには一連の段階と多くの時間が必要です。そう考えると「才能がない」と考えていたことも、じつは「才能が発達している途中」だった可能性があるわけです。人には個人差があります。才能の開花までに時間がかかることもあるでしょう。であれば、その分長く続ければいいわけです。「やめないのも才能のうち」ですから。

放置は厳禁。悪の連鎖に注意

数々の名選手や名剣道家を生み出した学校や地域の道場を訪ねると、道場が整然と整理整頓されていることに気づくものです。よく道場の美しさはそれを使う人の心を映すともいわれます。

皆さんは「ブロークン・ウィンドウズ（割れ窓）現象」をご存じでしょうか。これは、「窓の割られた車」を一台放置しておくと、その近隣で急激に他の凶悪犯罪が増加する現象のことを意味し、アメリカ人の犯罪心理学者・ケリング（Kelling, 1972）によって発見されました。

四十年から五十年前、サンフランシスコで数軒の空き家に周囲のルールを無視し自分勝手に暮らす若者達が住みつき、それを周囲が黙認していた時期があったそうです。すると、たった数ヶ月で、美しい街全体が無残にも荒れ果てる危機に直面したのです。つまり、たった一枚の「割れ窓」をきっかけとし、街は荒れ果て無秩序状態になり犯罪が多発。住民は逃げ出し、崩壊寸前の危機にまで陥ったのです。そして、これと同様な現象は世界各地から報告されています。

では、なぜ悪の連鎖が起こるのでしょう。その原因のひとつは「モデリング（modeling）」によるものであると説明されます。モデリングとは「他人の行動を無意識のうちに真似る」ことで、その機能は赤ん坊の頃から備わっています。ブロークン・ウィンドウズ現象は「習慣化された怠惰」をモデリングした結果、モラルの低下と悪の連鎖が引き起こされたと考えることができます。

少々大げさになってきましたが、ここで言いたいのは、習慣化された行動が無意識のうちに他の場面にも反映されてしまうということなのです。つまり、竹刀や小手が散らばり、ゴミだらけの道場で稽古をしているのを何とも感じないならば、注意力の欠けた怠慢な稽古や試合しかできなくなっているということなのです。

それでは次に悪の連鎖が解消されていった例をご紹介しましょう。一九九四年、ニューヨークのジュリアーニ市長は「ブロークン・ウィンドウズ現象撲滅」を政策に掲げ、ニューヨークの街から「割れ窓」の一掃を図りました。警察官五千人を新たに採用し、徹底した徒歩パトロールを行ない、地下鉄の落書きなど軽微な犯罪に至るまで、取締りの強化に乗り出しました。この結果、年間での犯罪件数は殺人が六十七・五パーセント、強盗が五十四・二パーセントも減少し、危険な街ニューヨークのイメージは一転したのです。我が国でも二〇〇一年に札幌中央署がこのセオリーを採用し、環境浄化総合対策にブロークン・ウィンドウズ現象撲滅を織り込みました。「歓楽街すすきの」において駐車違反を徹底的に取り締りました。それによって、路上駐車が三分の一以下に減少したのは当然のこと、二年間で凶悪犯罪を十五パーセントも減少させることに成功しました。

良いことも悪いことも、自分を取り巻く環境から知らず知らずのうちに心や行動が影響を受けていく。この事実、ちょっと怖い気がしますね。

たとえ道場が古くてもボロくてもいいのです。要はいつも使っている道場を、心を込め丁寧に維持・管理していくということ。いい道場環境とはそんな心がけを持つ人がどれだけそこに集まっているかにかかっていると言えます。

こう書きながらも、ちょっとうちの道場のことが心配になってきました（汗）。

いのちとは何か？　百歳現役医師の授業

教室の扉がゆっくりと開き、入って来たのは顔じゅう笑顔のおじいちゃんでした。「こんにちは！」四年生の子供達は元気にあいさつ。「こんにちは、みなさん元気だね。わたしにも皆さんと同じように小学生の時があったんですよ」なんだか不思議そうにしている十歳の子供達を前にして日野原重明医師はやさしく語りかけます。

「今日は『いのち』についてお話ししたいと思います」先生はみんなを見回すとこういいました。「いのちってなんでしょう？」「いのちはどこにあるでしょう？」子供達は突然の質問にちょっと困った表情です。「答えを考えながら、まず、心臓の音を聴いてみましょう」先生は準備してきた聴診器を何本も取り出し、子供達に渡しました。みんな真剣になってお互いの心臓の音をたしかめあっています。

「あっ、きこえた」「すごーい！」

教室のあちこちで歓声が上がります。まさに、普段は見えない「いのち」を実感した瞬間です。「私の心臓はこれまで一度も止まることなく動き続けているのです。心臓は酸素や水分や血液を全身に送り届けるモーターです。私達が生きていられるのはこの心臓が動いているからなのです」

その後、先生は再び先ほどの質問をします。「いのちはどこにあると思いますか?」「心臓!」胸に手をあてる子、「考えるのは頭だから」と頭を指さす子、「からだ全部」と答える子、答えはさまざまです。先生はみんなの意見にうなずきながらこう話しました。「いのちは、君達の持っている時間だといえます」「いのちは時間?」教室は少しざわざわしてきました。先生はゆっくりとことばを続けます。「心臓は大切ですが、いのちそのものではありません。いのちを動かすモーターです。心臓が止まったら人間は死んでしまい、使える時間も無くなるのです。今君達は、どのようにでも使える自分の時間を持っていますね。時間を使うことは、いのちを使うことなのです」みんなびっくりでした!いのちが大

切だということは、よくわかっていても、いのちをどう使うかなんて子供達は考えたことがなかったのです。「これから生きていく時間。それが、君達のいのちなのです」「君達は昨日から今日までの一日で自分の時間を他の人のためにどれだけ使いましたか？」「自分のためだけに使っていませんか？」「これからは他のことのためにも時間を使って下さい」

日野原医師が三十人の子供達のために自分のいのちを使ってくれた四十五分の授業でした。この授業の様子はのちに『いのちのおはなし』（講談社）という絵本になり、私もとても気に入っている一冊です。

こう考えると、今まで剣道をおしえてくれた人達はみな、私達に自分のいのちを使ってくれたことになります。初めて竹刀の握り方を教えてくれた先生、試合後にアドバイスをしてくれた先輩、試合に負けた自分をなぐさめてくれた友達もすべて、私のために自分のいのちを使ってくれたのです。改めて感謝の言葉を口にしたくなります。

この絵本のあとがきは日野原先生のこんな言葉で締めくくられています。「人が生きていくうえで、もうひとつ大事なことがあります。それは『こころ』です。お互いに手をさしのべあって一緒に生きていくこと。こころを育てるとは、そういうこと。自分以外のことのために、自分の時間を使おうとすることです」「私の時間は残り少なくなってきましたが、自分の時間を他の人のために使って精一杯生きようと思います。自分の持っている自分の時間。それが自分のいのち。君達はこれから、そのことをよく考えて、生きていって欲しいと思います」。深い言葉です。

期待が現実になる。ピグマリオン効果

「親が子どもに期待するとプレッシャーになりませんか？」「子どもに期待することはいけないことでしょうか？」少年剣道をしている子どもを持つ親御さんからよくこんな質問を受けます。

米国の教育心理学者・ロバート・ローゼンタール（Rosenthal, 1968）は小学生を対象として、ある大胆な実験から「期待」と「成果」の関係を明らかにしました。ローゼンタールは、あるクラスの名簿を見ながら無作為に何名かの子どもを指さし、「この子達は今後一年間に急激に成績が伸びるでしょう」と学級担任に伝えたのです。もちろん、ローゼンタールは予言者でも特別な超能力を持つ人でもなく、この予告は何の根拠も無い、ただの「デマ」でした。けれど、それを知らない学級担任は、権威ある学者が断言しているのだから、「この子達はきっとそうなる」と、ローゼンタールの予告を信じて疑いませんでした。

そして一年後、驚くべきことが起こります。ローゼンタールが予告した通り、「成績が伸びる」と言われた子ども達の成績は、その他の子ども達に比べて急激に向上していたのです。いったい、なぜこのようなことが起こったのでしょう。

この一年間、ローゼンタールは学級担任が成績の向上を期待する生徒達にどのように接するのか、克明に観察・記録していきました。その結果、「成績が伸びる」と予告された子ども達には、毎日少しずつ特別な扱いをしていることがわかりました。例えば、「他の子どもよりも少し難しい課題にチャレンジさせる」「授業中に指名する回数が多い」「もし回答につまってても気長に待つ」など、効果的な学習が促進されやすい環境づくりを一年間続けていたのです。

さらに、注目すべきことは、学級担任の期待を受けた子ども達の授業に取り組む態度がより積極的なものへと変化していったことです。つまり、相手を信じて期待すると、自然に相手が願い通りになるような働きかけを「期待した側」がとるようになり、「期待された側」もそれを意識するようになり、課題に取り組む態度が改善していったのです。これが、ローゼンタールによって「成績が伸びる」といわれた子どもの成績が急激に向上した原因となったと考えられます。

この現象をローゼンタールは「ピグマリオン効果」と名付けました。ピグマリオンとは、ギリシャ神話に出てくる王の名前で、彼は女性の彫像に恋をし、食事を用意したり話しかけたり、「彼女」が本物の人間になることを心から信じ続けたのです。その姿を見かねた神が彫像に生命を与え、彫像はついにピグマリオン王の願い続けた生身の人間になったという神話が、ピグマリオン効果の名前の由来となっています。

子どもに「期待」することはとても大切なこと。しかし、ときに過剰な期待がプレッシャーとなって子どもを萎縮させてしまう、それもまた事実。これを回避するためには、親がすぐに結果を求めず、長い目で見守り育てる態度が求められます。ピグマリオン王のように「信じ続ける力」、親も育んでいく必要があるのではないでしょうか。

第5章

メンタル力で逆境を乗り越える

こうして防ごう。危険なバーンアウト

「バーンアウト（burnout）／燃え尽き」という言葉を耳にしたことがあるでしょうか。これは、米国の精神科医フロイデンバーガー（Freudenberger, 1974）によって定義づけられた症状で、今までエネルギーに満ちあふれていた人が、まるで燃え尽き灰になってしまったかのように、それまでと全く正反対の無気力な状態に陥ることを意味します。

当初、バーンアウトはソーシャルワーカー、看護師、教師など、対人的な仕事に従事している人に多く見られたものでしたが、最近ではスポーツ競技選手の中でも確認されるようになりました。輝かしい成績を収めていた選手が突然競技に対する意欲を失い、競技を止めたり引退を表明したりするケースが、スポーツ競技選手のバーンアウトにあたります。

スポーツ心理学者の中込ら（一九九一）はバーンアウト事例検討を通して、発症の過程を「①成功経験→②熱中→③停滞→④固執→⑤消耗」という五段階に分類して説明しています。

バーンアウトの状態に陥る前、競技者は華々しい活躍をして周囲から大きな期待と注目をよせられます。この時期には何もかもが思い通りでどんな課題でも達成できるような自信に満ちあふれています（①）。そして競技者はより高い目標を設定し、もっともっと競技にのめり込んでいくのです（②）。

しかし、長期にわたる競技生活の中では順調な時ばかりではありません。例えば、チームメイトやコーチとの人間関係のトラブルやケガなどが引き金となって、競技成績の不振や停滞を招く場合があります（③）。バーンアウトに至る競技者はこんな時、とにかく一刻も早く最高のパフォーマンスを出したあの瞬間に戻ろうとするあまり、現状を正しく把握できないまま、十分な休養も取らず、ただがむしゃらにトレーニングを継続していきます。この状態は思考や行動の柔軟性を欠いた凝り固まった状態といえるでしょう（④）。そして、「頑張っているのにいつまでも報われない」という経験を繰り返しながら無力感や抑うつを増大させ、最終的には競技に対する意欲を完全に失ってしまうのです（⑤）。

では、どんな人がバーンアウトしやすく、バーンアウトしないためには何が重要なの

でしょう。

実はバーンアウトしやすい競技者には似かよった性格特性があるといわれています。それは競技に対して極度に真面目で熱心、そして完璧主義であること。つまり、チームの模範のような、一見手のかからない選手の方がバーンアウトしやすいということなのです。このような選手は、心身ともに消耗し、意欲が完全に枯渇するまで自分の状態に気づかないことが多いのです。また、自分の弱さを他人に見せることを嫌うため、周囲もその選手の危うい状態に気づくことが遅れてしまいます。もっと早い段階で監督・コーチに今の状態を伝えたり、カウンセリングを受けていたなら、バーンアウトは回避できたはずです。バーンアウトしないためには、まだエネルギーの残っている段階でその状態に気づき対処することが重要なのです。真面目で一途な信念を持って競技に臨む態度は上達には不可欠なものです。けれど、一方で現在の自分の思考や行動を客観的に評価できる「しなやかな心」を併せ持たなければ、永続的な競技成果は見込めないのです。

しなやかさの重要性はよくこんな例で説明されます。雪国では冬の間、もの凄い量の雪が降り積もります。この雪の重さによって、大木であっても雪の重さに耐えきれず幹や枝が折れてしまうことがあります。けれど、しなやかさを持った柳の枝は大雪に負けることなく、雪の重さを受け流すことができるのです。つまり、この例からも「しなやかさは強さ」だということがおわかり頂けるでしょう。バーンアウトしないためには「しなやかな心」をどうつくるか、それが重要だといえます。

エッジワークで自分の限界を広げる

スポーツ社会学者の根上優は長年にわたり、「エッジワーク（edgework）」の概念を用いて、「自らリスクを冒す行動（voluntary risk taking）」としての武道の伝統的稽古法と現象的意味を研究しています。ここで言う「エッジ」とは日常の安定した場所と非日常の不安定な場所の「境界」のことで、「エッジワーク」とは安定した社会と文化から外側へ飛び出し、不安定な未知の世界に身を置くことによって自己実現を獲得する行為を意味します（図1）。そのエッジから先は非常に危険を伴いますが、そこでの体験後には、今までの限界についての認識が劇的に変化するといわれています。

例えば、鹿児島市の二つの小学校では、桜島の小池海岸から磯海水浴場までの四・二キロを約二時間で泳ぎ切る「錦江湾横断遠泳」を五十年以上も続けています。幼い子ども達には到底できそうもない過酷な課題ですが、子ども達はほぼ全員完泳し、それ以後、それまでの生活態度や意欲が肯定的に変化していくというのです。

現在、全国の数ヵ所で剣道の立切試合が開催されています。立切試合とは数名の基立ちが数時間連続して数十人の挑戦者と対戦する、まさに過酷を極める修行のひとつです。基立ち

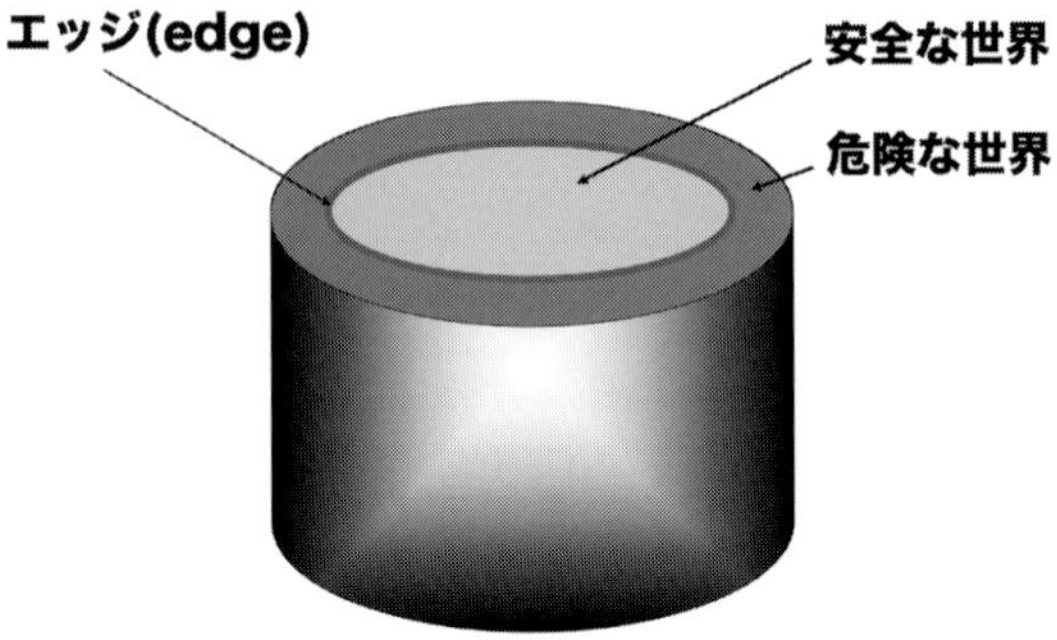

図1　エッジワークのイメージ図

は一年前に指名を受け、一年をかけて立切の準備をします。それでも、ほとんどすべての基立ちが立切試合を終えた後、体中がけいれんし、剣道具を自分で外せないような状態に陥るのです。立切試合の過酷さは想像を絶しています。

根上（二〇〇九）は、立切試合を通して多くの基立ちが以下のような共通の体験をしていることを、聞き取り調査から明らかにしています。「相手が打突に出てくる機会がスローモーションのように見えた」「意識がもうろうとする中、疲れも痛みも感じず、どれだけでも試合を続けていけるような気がした」「心と体がまさに一体となった感じだった」。

じつは私も実際に三時間の立切試

合の基立ちを体験しているひとりで、その時の感覚はまさに根上の研究結果と合致しています。そして、立切試合を終えた後、基立ちは「自分の限界についての認識が大きく変化した」ことを報告しています。これは、過酷な目標課題を達成したことで達成感や満足感を得ただけでなく、自己のイメージの中で限界の枠組が拡大したと考えられます。実際、立切試合後に受審した昇段審査で、非常に多くの剣士が合格していることは事実です。

さらに、立切試合は剣士を鍛えるために古くから地域に備わっている「儀礼的なしくみ」といえます。立切試合が行なわれている地域で基立ちを経験していない者は、一人前の剣士と認められず、一度は超えなくてはいけない試練なのです。つまり、地域が強さを育む「しくみ」を持ち、立切試合がその「しかけ」となっているのです。そして、この「しくみ」と「しかけ」は現在でも脈々と継承されています。

皆さんも毎日の安定した日常から、非日常的で不安定な場所へ一歩を踏み出してみるのはいかがでしょう。それは、必ずしも過酷な行為でなく、他の道場への出稽古や地域の剣道大会へ出場するという「しかけ」でもいいのです。この一歩が自分の限界の枠組を少しだけ広げるかもしれません。なぜなら、自分で「しかけ」を始めた時点からすでにエッジを超え、エッジワークが始まっているのですから。

四つの要素で自信をつくる

大会で優勝した選手や昇段審査に合格した剣士の姿は、みな輝くばかりの「自信」に満ちあふれています。「自信があるから結果が出るのか」、それとも「結果が出るから自信を持つのか」。なんだか、ニワトリと卵の話のようでその順番は複雑ですが、少なくとも両者が強い関係性を持つことは確かです。それでは、どのようにして「自信」は培われていくのでしょう。

「自信」に近い概念を心理学では「自己効力感（self-efficacy）」と呼び、これは学習心理学者のバンデューラ（Bandura, 1977）によって提唱されました。自己効力感とは、ある具体的な状況において目標とする課題に対する「できる」という見込み感のことで、自己効力感が高まることで課題の達成が実現しやすくなり、そして、成功体験を伴ってさらに高い目標へと挑戦しようとする感情が強まります。この一連のスパイラルは、まさに自信と結果の関係とよく似ています。

バンデューラは自己効力感を生み出す要素について、以下の四つあげて説明しています。

「達成体験」—自分で実際にやってみて、直接体験してみること。

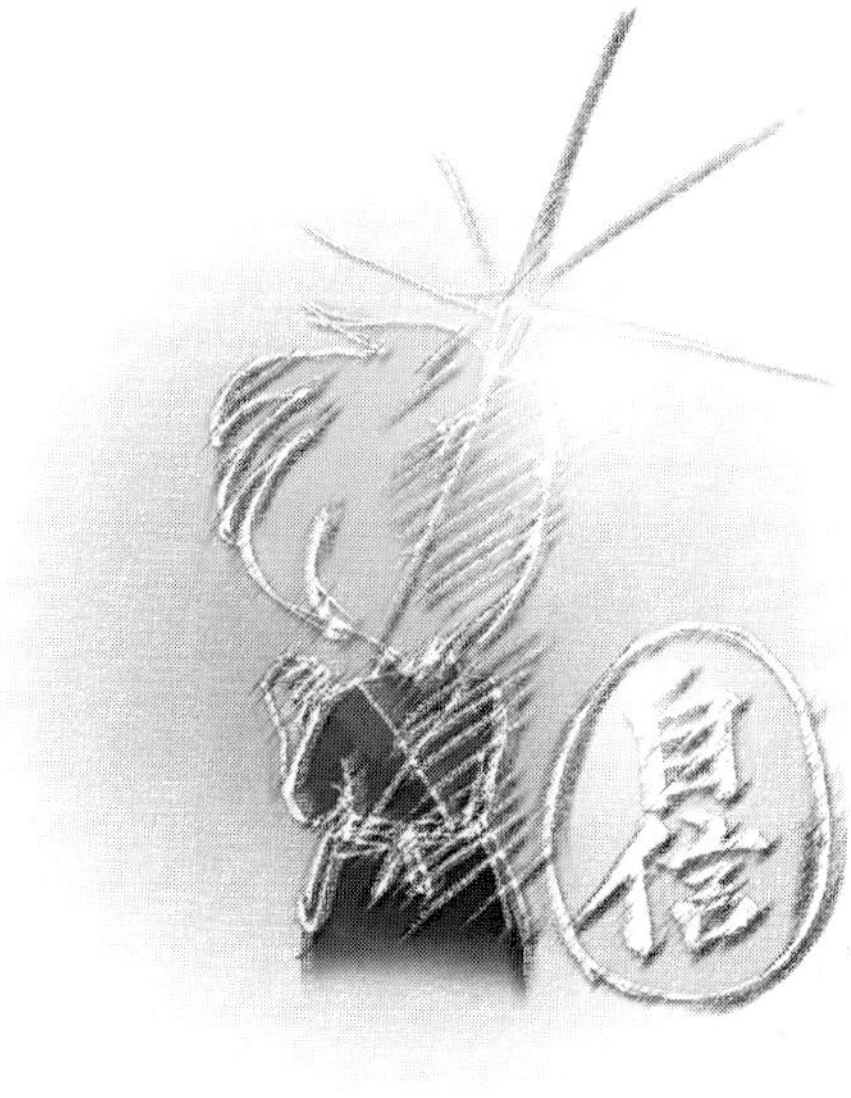

「代理経験」―他人の成功や失敗の様子を観察することによって、代理性の経験をもつこと。
「言語的説得」―自分にはやればできる能力があるのだということを他者からことばで説得されたり、その他の方法で社会的な影響を受けること。
「情動的喚起」―自分自身の有能さや、長所、欠点などを判断していくためのよりどころとなるような、生理的変化の体験を自覚すること。
以上をまとめると、自己効力感を生み出すためには、①自分で実際に体験し、②他者の成功・失敗の様子を観察し、自分に置き換え、③自分にはできる能力があることを他者に説得されながら、④苦手だと感じていた場面でもうまくできたことを実感することと言えます。ここで興味深いことは、自信を生み出すためには自分自身のみでそれをつくり出すのではなく、他人の行動から学んだり他者の言葉から影響を受けたりしながら、最終的に自分の肯定的な変化に気づき自己効力感が形成されることです。

さて、試合を前にした選手の稽古（ウォーミングアップ）の様子を見ていて気がつくことがあります。それは、選手が稽古をする時の位置どりです。経験豊かで上位入賞が予想される選手のほとんどが、練習場の中央で稽古をしています。一方、初出場の選手などは、一番端の目立たないところで稽古をしているのです。これは、自分自身の持つ自信の表れと解釈できる行動のひとつです。なぜならば、自信とはその人の行動や習慣全体からつくり出されるものだからです。つまり、「ウォーミングアップはひかえめ、でも試合はだいたんに…」などとは、なかなか都合良くいきません。ひとつの行動が消極的な人は、得てして他の部分も消極的になってしまうのです。

であれば、あえて自信ある人がとる行動をモデルとして、その行動を逆にたどる方法が有効であると考えられます。つまり、自信とは行動と習慣からつくられますから、その流れを逆にたどりながら自信を得ようとするわけです。

どんな名剣士でも最初から自信たっぷりに剣道をしていたわけではありません。自信とはもともと「あるもの」ではなく、行動と習慣の積み重ねによって「つくられる」ものなのです。

フロー体験で夢中になろう

剣道の稽古の途中、「あれっ、もう終わり?」と、あっという間に稽古が終わったと感じたことがありませんか。夢中になるということは、日常とは異なる世界に入り込むことで、この世界では時間の経過の感覚が現実とは大きく異なっています。では、いったい「夢中になる」こととはどのような状態で、これにはどのような意味や価値があるのでしょう。

この疑問を解くカギは心理学者チクセントミハイ(Csikszentmihalyi, 1975)の提唱した「フロー理論」にあるといえます。「フロー(flow)」は直訳すると「流れ」を意味します。チクセントミハイは研究の中で八千回もの面接調査を行ない、その中で多くの人が夢中になっていた時、まるで「流れに運ばれているような感じ」であったと報告していることから、フローという言葉を使っています。そして、フローの状態を「深く没入しているので、他のことが問題とならなくなる状態、その経験それ自体が非常に楽しいので、純粋にそれをするということのために多くの時間や労力を費やすような状態」と定義しています。

フロー状態にあるとき、人は高いレベルの集中力を示し、楽しさ、満足感、状況のコントロール感、自尊感情の高まりなどを経験することが報告されています。例えば、スポーツ選

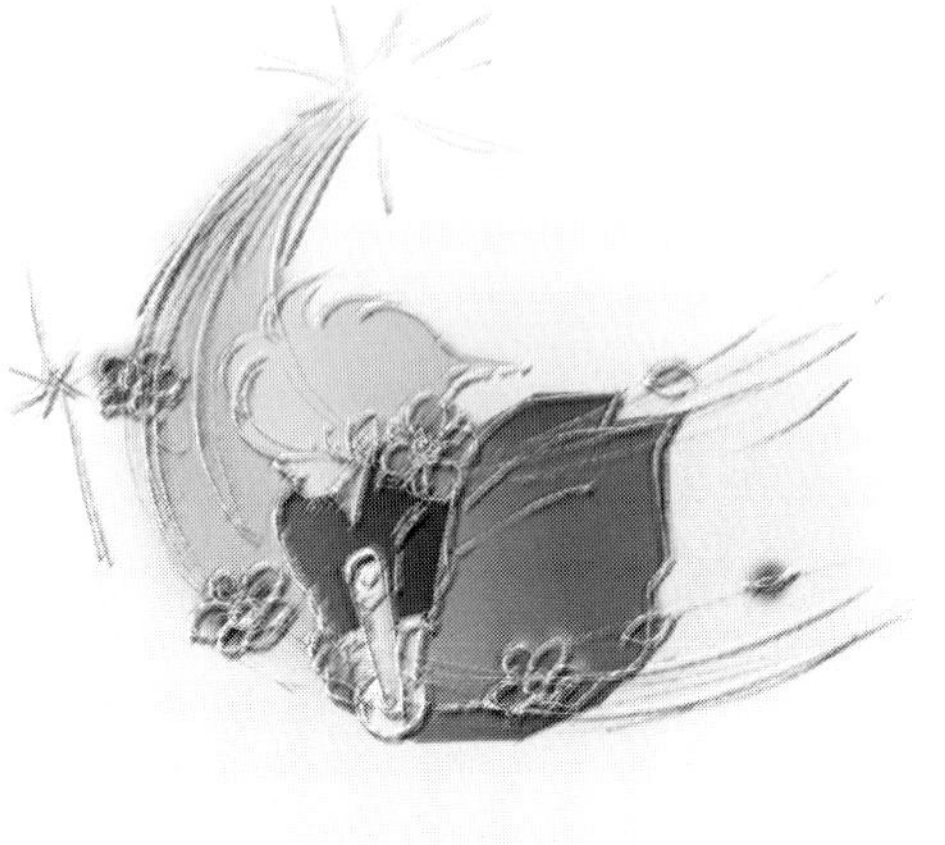

手であれば、意識的に何をしようと考えないうちに自然に体が動いて、気がつけばすばらしいプレイをしていたことが該当します。剣道でも、優勝者が試合後のインタビューで「気がついたら面を打っていました」と答えたり、審査合格後、「どのような立合をしたかほとんど覚えていない」などということもフロー状態の中では起こるのです。

ではいったい、どのようにすればフロー状態に入り込むことができるのでしょう。そのヒントが二つあります。

一つ目はその行為が「楽しさ」を伴っているものであること。だれかに強制されたり、我慢してイヤイヤやるのではフロー状態に入り込むことは難しいといえます。二つ目は挑戦的な課題であること。課題があまりに簡単すぎると退屈に感じ、あまりにも難しい課題であれば現実とかけ離れてしまい楽しいという感覚を無くし、挑戦する意欲を低下させてしまいます。「ちょっと頑張れば何とかできそうなレベル」に課題を設定し挑戦することで、フロー状態に入るチャンスが巡ってくると言えます。

また近年、このフロー理論を経営やビジネスに応用しようという動きが広がりをみせています。管理下で決まった仕事をさせるのではなく、個人の自主性を拡大し、夢中になって没頭する楽しさの中から創造的なアイデアを生み出そうとする試みが増大しています。実際、世界的にシェアを拡大しているインターネット関連会社Google（グーグル）では、エンジニアが仕事時間の二十パーセントを何でも好きなことに使うことができます。そして驚くことに、なんと新製品の半分近くがこの二十パーセントの自由時間から生み出されているのです。このことは、フロー状態を経験している時間が長いほど、日常生活においても創造性やポジティブ感情などを経験することが多いという心理学の研究結果にも合致します。

剣道であっても、仕事であっても、楽しむことを忘れずに積極的に関わることで新たなものが生み出されるならば、改めて楽しむことの意義と重要性を考えるべきでしょう。フローの入り口は誰にでもありそうですね。そして、そのカギはどうやら「楽しむ」ことのようです。

学習性無力感。人はこうしてやる気をなくす

「人はどのようにしてやる気を無くしていくのでしょう」

この答えは、一九六〇年代に米国の心理学者セリグマン（Seligman, 1967）が行なった実験結果から導き出されます。この実験の方法は、犬を身動きのとれない状態に固定し、体に電気ショックを与えるという（かなり残酷な）ものでした。電気ショックを与えられた犬は、なんとかこの状況を回避しようと一生懸命に逃げ回ります。ですが、無情にも電気ショックは犬の努力とは無関係に何の前触れもなく流れたり止まったりします。これを繰り返すうち犬は電気ショックを回避する行動を止めてしまうのです。すなわち、「無気力な状態」に陥ってしまうのです。それは、単に「電気ショックの苦痛によって弱ってしまったのでは？」そう考える見方もあるでしょう。ですが、この実験にはまだ続きがあるのです。同じように電気ショックを受けても、鼻でパネルのスイッチを押すことによって自力で電気ショックを止められるよう設定された檻にいた犬は、無気力にならなかったのです。

一方、どうがんばっても自ら電気ショックを止められないよう設定された檻《おり》にいた犬はしだいに無気力になり、逃げようともせずにずっと同じ場所にうずくまり電気ショックを浴び

続けたのです。そして、たとえ自力で電気ショックを回避できるようになった後でも、その犬は再び新たな行動を起こすことはありませんでした。

つまり、電気ショックのような苦痛が無気力を生むのではなく、事態を自分の努力では変えられないと感じた時に無気力が生み出されるのです。そして「努力しても無駄」という無気力が学習される（繰り返し経験する）ことで今直面している問題だけでなく、解決可能でたやすい問題にさえ立ち向かおうとしなくなります。心理学ではこのような現象を学習性無力感（learned helplessness）と呼んでいます（Seligman, 1967）。

その後、セリグマンは学習性無力感の実験対象を動物から人間へ移し、ストレス刺激を大音響の騒音に代えて実験を重ね、ついには、同じ状況におかれても「無気力状態に陥りやすい人とそうでない人がいる」ことを発見し、人が意欲を無くすメカニズムを明らかにしていったのです。

それでは、いったい人はどのようにして意欲を無くしていくのでしょう。セリグマンは、不幸な出来事を経験しても無気力にならず希望を持っていられるかは、「永続性」と「普遍性」についての考え方に大きく関連していると指摘しています。人はこのつらい状況が「一時的なもの」、あるいは「そのうち無くなり去るもの」だと感じているうちは無気力に陥ることはありませんが、この状況が継続的に永遠続いていくと感じた時、意欲を無くすのです。そして、ときにそれは、本人だけでなく、親や友人あるいは指導者などの周囲の人間によって形成される場合もあります。「お前はいつもそうだ」「必ずそういうことをする」「みんなこう言っている」こんな言葉を口に出した覚えはありませんか。（私も含めて）ドキッとしている人がいるのではないでしょうか。特に、人格が形成途上の幼少期に失敗や不幸を「いつも」「必ず」「みんな」などの言葉を用いて叱っているうち、子どもは「自分の努力ではどうにもならない」ことを学習し、それが習慣化されることで無気力が形成されていく場合があるのです。

「うちの子はどうして意欲が無いの！」。それは、もともと意欲が無いのではなく、意欲を無くしてしまったのかもしれません。

「はあ」とため息をついて無気力にならないで下さい。新たな学習が状況を変えていきますから。今できることは、自分自身にも相手にも、少しずつ語りかける言葉を変えていくことでしょう。大丈夫です、今からでも十分間に合います。人間は生物学的には百二十年生きることができるのですから。

知識の蓄積が重要。ひらめき力を磨こう

皆さんは、「あっ、これだ!」と頭の中でパッとひらめくような体験をしたことがありませんか。この瞬間的なひらめきによって場面が大きく変化し、一気に問題が解決するような見通しを、心理学では「洞察(insight)/どうさつ」と呼びます。洞察はドイツの心理学者ケーラー(Koheler, 1921)がチンパンジーの生態観察から発見したもので、問題解決(problem solving)の重要なカギとして注目されてきました。

ケーラーはチンパンジーを檻《おり》に入れ、檻の外の手の届かない所にバナナを置きました。チンパンジーのいる檻の中には一本の棒だけが置かれています。はじめのうち、チンパンジーは檻の中からバナナを取ろうと隙間から必死に手を伸ばしていました。けれど、どうしてもバナナには手が届かず、あきらめたように別のことをし始めました。そしてときに檻の中にある一本の棒に目をやり、じっと見つめたりもします。しかし、また先ほどのように遊びに興じていました。そんな中、突然、チンパンジーは何かひらめいたように棒を手に取り、それを使って檻の外のバナナを手元に引き寄せる行動をとりバナナを手に入れたのです。このチンパンジーがとった行動は、バナナを得るという目的のために、試行錯誤的ではない、目

的と手段との関係を直感的に把握した洞察に他なりません。
それでは、「洞察＝ひらめき」はいったいどのようにして発生するのでしょう。すでに認知心理学の実験結果からわかっていることは、洞察とはすでに持っている知識同士が何らかのきっかけによって結びついて起こるということ。すなわち、今まで別々で無関係に点在していた知識が、突然関連性を持って一本の線につながる感覚なのです。そして、この一回のひらめきと成功経験を伴って、その要領は自分の新たな知識として定着していきます。しかし、この「ひらめき」がいつどこで起こるかはまったく見当がつきません。人それぞれにひらめきやすいタイミン

グや場所があるともいわれています。ある人はお風呂やベッドなどのリラックス時にひらめくといい、またある人は散歩やランニング中などの身体を動かしている時にひらめくと報告し、はたまた、トイレの中でひらめくという人もいるようです。

いずれにせよ、ひらめきを予測することが困難であることは確か。それだけに、ひらめいた瞬間、それが消え去る前に記録することが、その後の躍進につながるともいえるでしょう。後になって、「さっき、何かいいことがひらめいたんだけど…何だったか…?」と思い出せない時ほど口惜しいものはありません。

ある稽古会でこんな光景を目にしたことがあります。その剣士は稽古直後に名札(垂ネーム)の中から小さなメモ帳を取り出し、なにやら書き留めていました。一瞬のひらめきを記録し定着させるための行動であるとするなら、なるほどとうなずけます。

「ひらめき」とは別々に蓄積された知識がなんらかのきっかけで新たな関連性を見出すことなのですから、空っぽな中から突然生み出されるものではありません。すなわち、ひらめきを得るためには知識の蓄積が必要不可欠といえるのです。一見、天から降って来るように思われる「ひらめき」も、実は自分の努力によって生み出していたのです。

メンタル力で逆境を乗り越える

桜と共に春が訪れ、新入生や新入社員が新たなスタートをきっています。この季節になると、よく五月病（ごがつびょう）という言葉を耳にしました。新年度が始まり新しい環境に馴染めず、その疲れがゴールデンウィーク明けに無気力症状を伴って表面化するのがいわゆる五月病です。ところが近年、この五月病が激減しているというのです。けれどそれは、日本人のメンタル力が向上したわけではなく、五月病に代わって「新型うつ病」という症状が二十歳代から三十歳代前半を中心として急増していたのです。

従来のうつ病が何をしても持続的に気分が落ち込むのに対して、新型うつ病は好きなことをしている時は何の症状もなく、嫌なこと（例えば仕事や学業など）をしている時に激しい抑うつ感が現れ、しかも一日のうちで急激な気分のアップダウンが繰り返されるのが特徴です。ですから、連休中に十分に休養を取ったとしても、対人ストレスに直面すればすぐに落ち込んだ状態に陥ってしまうのです。

新型うつ病を改善させるためには原因となるストレスから遠ざけるのが一番なのですが、実際にストレスの無い環境なんてこの世の中のどこに存在するのか、疑問の残るところです。

組織的コミュニケーションの専門家であるポール・G・ストルツ博士（Stoltz, 1999）は『すべてが最悪の状況に思えるときの心理学』という著書の中で、逆境を乗り越えるためのテクニックとして「LEAD法」という四つのステップ（対処法）を提唱しています。

①L＝LISTEN（傾聴する）

自分の心の声に正直に耳を傾け、何が問題となっているのか、何に落ち込んでいるのか、その内容を具体的に書き出す。また、周囲の意見も率直に聞き入れる。現状の正しい認識が重要。

②E＝EXPLORE（探求する）

①で浮かび上がった課題を解決する方法を冷静に考え、書き出していく。重要なのは考えるだけでなく、それを活字として見えるかたちにすること。

③A＝ANALYSE（分析する）

①から明らかになった課題と②の解決方法を客観的に分析し、解決策を見つけていく。

④D＝DO（実行する）

③で導き出された解決策を具体的な態度や行動として実行する。

この一連のステップを通して重要なことは、自分自身の行動、考え、感情を客観的に記録することなのです。これを心理学ではセルフ・モニタリング（self-monitoring）と呼びます。セルフ・モニタリングに優れた人は対人能力が高く、逆にセルフ・モニタリングの低い人は対人能力が低いといわれています。すなわち、自分に率直に向き合えない人は相手のこともわからないということです。この事実、なんだか剣道の修行が進む中で最終的には自分の心の修練に焦点化されていくこととオーバーラップする気がします。

今回ご紹介したＬＥＡＤ法は突然降りかかってきたストレスに一時的に対処するには有効ですが万能ではありません。新型うつ病の治療の話とも重なるところですが、じつは新型うつ病は完全なうつ病ではないため、薬が必要なものではありません。その原因は「本人の心構え」にあり、最終的にはストレスに負けないメンタル力を育てなければ完治は望めないのです。では、どうやってメンタル力を育てるのか？　この方法論はあまりに多様で、容易にその答えを導き出すことはきわめて困難です。「何事も鍛えなければ育たない、けれど無理に鍛えると壊れてしまう」このバランスが難しいところ。しかし、逆説的に考えるならば、「このバランス感覚がある人がメンタル力に優れた人」といえるのは確かなのです。

新しい季節を迎え、この機会に改めて自分と向き合いメンタル力を育てるためのセルフ・モニタリングをしてみてはいかがしょう。それが面の向こうで立ち合う相手の心持ちを知るヒントになるかもしれません。

社会的促進と社会的手抜き

「チームや道場の所属人数が多いことは、いろんな相手と稽古ができるから、きっといい稽古になるんだろうなぁ」「それに比べて我々ときたらいつも数人での稽古。これでは強くなれないのでは…」こんな戸惑いの声を耳にする時があります。たしかに稽古の人的環境がその人の実力向上に大きな影響を与えるのは事実といえます。

トリプレット（Triplett, 1898）という社会心理学者は、自転車競技選手が一人で走るよりも他の選手と一緒に走る方がタイムが良くなることや、一人よりも複数で行う単純作業の方が作業スピードが速くなることを実験的に検証し、「他者の存在によって課題の遂行が促進される」ことを確認したのです。これを「社会的促進（social facilitation）」と呼びます。

しかし、逆に「人数が増えることで個人の力の発揮が妨げられる」という研究結果も存在します。ドイツの社会心理学・リンゲルマン（Ringelmann, 1913）の行った「綱引き実験」からは次のような結果が導き出されました。それは、二人で綱を引き合う時には本人の筋力の九十三パーセントが発揮されますが、これが三人では八十五パーセント、八人ではなんと四十九パーセントにまで発揮される力が減っていくというのです。また、アメリカの社会心

理学者・ラタネ（Latane, 1979）は、「拍手実験」の中で以下の現象を見出しました。ラタネは目の前の集団に「皆さんそれぞれに力いっぱい拍手をして下さい」と呼びかけたのですが、結果としては、一人の時の半分から三分の一程度しか力が出ていなかったのです。これらの現象を心理学では「社会的手抜き（Social loafing）」と呼びますが、興味深いのは「本人は自分が力を抜いている自覚が無く全力を出したと思い込んでいる」ことなのです。どうやら、人は集団になると意識せずとも「まあ、いいか」というあいまいな判断が行動に出てしまいがちなようです。

社会的促進についての研究結果が示すように、集団のエネルギーは個人の力を高めることにつながりやすいのですが、ときに社会的手抜きが起こる可能性があることに注意する必要があります。「これだけ部員がいるから俺だけ気合を出さなくても大丈夫」こんな考え方を皆がし始めたら、集団のエネルギーは悪い方向へと向かってしまうわけです。社会的手抜きを防止するためには、「希少性を高める」ことが重要だといわれています。すなわち、集団のメンバーそれぞれが一回の稽古の価値をどれだけ認めているかによって、集団が個人を高めるか、あるいは集団によって個人の力が制限させるかが決定づけられるのです。ですから、小人数で行う稽古であれば、稽古中は手抜きができないわけですから、稽古の質を上げることで少人数のデメリットを補うことも可能になるはずです。それは実際、少人数の剣道部が全国の頂点に到達している事例からも明らかになっています。

希少性の高い稽古と言えば、毎年五月のGW期間中に開催されている全日本剣道演武大会(京都大会)の朝稽古をご存知でしょうか。この朝稽古は早朝にも関わらず、隣の人と肩が重なるほど多くの剣士で溢れています。誰もが意中の先生へ稽古をお願いするべく、会場の空気は熱気に満ちています。そして懸り手を次々に捌いていく元立ち八段の迫力のすごいこと。きっとこの空間には決して「社会的手抜き」など存在していないはずです。「この場でしか」、「この一瞬でしか」経験するできない稽古の希少性を知っている者達のエネルギーの大きさは、幾度経験しても驚きと感動を覚えます。

にわかに注目。防衛的悲観主義

一般的に楽観主義者は適応的で悲観主義者は不適応的であるといわれ、物事はできるだけポジティブ（前向き）にとらえるべきだという考え方が浸透しています。ところが近年、物事を「悪い方に考える」ことで成功している適応的な悲観者の存在がアメリカの心理学者・ノレム（Norem, 1986）によって見いだされ、防衛的悲観主義（Defensive Pessimism）という概念が注目されています。防衛的悲観主義とは、過去の成功体験を否定しないことや成功場面における満足感が高いなどの点で、いわゆる典型的な悲観主義とは異なるのが特徴と言えますが、防衛的悲観主義者は、過去にうまくいった事を再度実行する場合であっても、決して慢心することがありません。常に最悪の事態を想定して、様々なことを考え、心配し、くよくよ考え込むのです。

例えば、「昇段審査直前に面紐が切れるのではないか」「審査中に足を滑らせて転ばないだろうか」「剣道形をしくじるのではないか」「ウォーミングアップ中にケガをしたらどうしよう」こんな心配事が次から次へとわき出してくるのです。しかし、防衛的悲観主義者はこの心配事を基に、想定される最悪の事態を鮮明にイメージすることで万全の対策を講じようと

防衛的悲観主義テスト（Norem, 2002）

【以下の質問項目に回答する前にお読みください】

①あなたがベストを尽くしたいと思う状況を思い浮かべてください。
②仕事でも交友関係でも何でもいいので、目標を設定してください。
③その状況であなたがどういう準備をするかを考えてください。
④それぞれの答えが自分にあてはまるかどうか、７段階で答えてください。

	まったくあてはまらない	あてはまらない	あまりあてはまらない	どちらでもない	ややあてはまる	あてはまる	とてもよくあてはまる
1　たぶんうまくいくと思っても、まずは最悪の事態を予測することが多い。	1	2	3	4	5	6	7
2　結果がどう出るか心配してしまう。	1	2	3	4	5	6	7
3　ありそうな結果を「すべて」じっくり考える。	1	2	3	4	5	6	7
4　よく、思った通りにいかないのではないかと不安になる。	1	2	3	4	5	6	7
5　失敗しそうなことを想像するのに時間をかける。	1	2	3	4	5	6	7
6　物事が悪い方へ向かった時の気持ちを想像する。	1	2	3	4	5	6	7
7　もし失敗したら、それをどうカバーするか思い描くようにしている。	1	2	3	4	5	6	7
8　こういう状況で、自信過剰にならないように気をつけている。	1	2	3	4	5	6	7
9　こういう状況が迫っている時、プランニングに時間をかける。	1	2	3	4	5	6	7
10　成功した時の気持ちを想像する。	1	2	3	4	5	6	7
11　こういう状況では、華々しく成功するより、ばかみたいに見えるかもしれないと心配することがある。	1	2	3	4	5	6	7
12　失敗しそうなことについてよく考えることで、万全の準備ができる。	1	2	3	4	5	6	7

【結果判定】

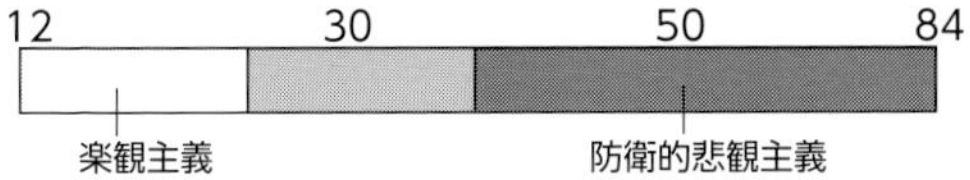

スコアが高いほど、防衛的悲観主義が高い。スコアが50以上ならば、防衛的悲観主義者といえる。30未満ならば、楽観主義者といえる。30～50未満の間ならば、両方の傾向を持っているか、あるいは一貫していないと考えることもできる。

します。つまり、審査前には新しい面紐に取り替えるでしょうし、審査会場には事前に下見に出かけるでしょう。ケガに備えてテーピングやサポーターを準備し、剣道形は数え切れないほど繰り返して稽古するでしょう。そして、本番を迎える時までに数々の不安や心配事をコントロールしていきます。

このように、防衛的悲観主義者は、わき上がるネガティブな感情を利用して、自分の準備性を高め目標達成につなげています。このタイプの人は著名な監督・指導者にも多く見られます。ある監督は試合前日、宿舎でとる夕食を数種類の違ったメニューにしてもらい、選手にはなるべく違うメニューの夕食を食べさせます。その理由は、食中毒が起こっても選手が全滅しないためだそうです。

それでは、防衛的悲観主義者がこうした悲観的思考を止めたらどうなるでしょう。「大丈夫、面紐は切れないし、審査もうまくいく。剣道形もきっと何とかなるよ、前向きに明るくいこう！」などと楽観的な人と同じように考え、行動したらどうなるのか。じつは、結果は「悪くなる」のです。防衛的悲観主義者はいつものように悲観的なままでいる方が良い結果が出るのです。

たしかに成功を収めるためには積極的な思考や態度が重要であることは事実です。けれど、防衛的悲観主義者のように不安傾向の強い人が突然ポジティブな人のマネをすれば、それが裏目に出やすいことも確か。それは、人にはそれぞれ自分の性格に合ったやり方やペースがあるからです。もしあなたは自分が悲観的であることを強く思い悩むならば、それを払拭するだけの準備にそのエネルギーを向けるべきです。そうすれば、ネガティブなエネルギーからも成果を生むことができます。ただ悲観的に自分を非難し続けるだけであれば、なんの利益も生むことはできません。

ここまで話を進めてくると、自分はどちらの傾向が強いのか気になるところですね。そこで、ノレム（Norem, 2002）の作成した「防衛的悲観主義テスト」で防衛的悲観主義傾向を測定してみてはいかがでしょう。

ちなみに私は立派な防衛的悲観主義者でした。そう言えば、遠征に行く時でも私の荷物はいつも多い。ですが、無駄な物なんて何も入っていません。ただ「必要になるかも？」と考えられる予備の剣道具やら仕事道具やらがいろいろ…。でもだいたいすべてを使うことはありませんが（笑）。「ネガティブな思考もときに重要な役割を持つ」ことを知るとなんだかホッとしますね。

環境づくりが重要。ゴールデンエイジ

ある幼児体育セミナーでこんな質問が出ました。「私は運動が得意ではないのですが、子どもも苦手になるのでしょうか？」「運動神経を良くする方法はありませんか？」受講生のお母さんからでした。

たしかに、運動神経は「遺伝」という見方があり、その可能性を否定することはできません。ですが一方で、「環境」が運動神経を向上させる要因であることも実証されています。現在のところ、運動神経には「遺伝」も「環境」も影響するものの、どちらが強く関与しているかには明確な結論が出ていません。けれど、今親にできることは子どもの運動神経が向上する「環境づくり」なのです。

皆さんは「ゴールデンエイジ（Golden Age）」という言葉を耳にしたことがあるでしょうか。ゴールデンエイジとは一生に一度だけ訪れる「あらゆる動作を極めて短期間に習得する特別な時期」のことです。五歳～八歳頃までをプレゴールデンエイジ、九歳～十二歳頃までをゴールデンエイジと呼びます。

今回注目したいのは年齢と神経系との関連です。人間の神経系は五～六歳頃までに成熟期

のほぼ八十%を完成し、十二歳頃でほぼ百%に達します。そして、この時期に張り巡らされた神経回路はその後も消えることなく維持されます。ですから、一度自転車に乗れるようになれば何年間も乗っていなくてもまた自転車に乗ることができるわけです。もちろん、剣道に関しても同様です。子どもの頃に剣道をしていた人の動きは、何年間も剣道を離れていても、大人になってから初めて竹刀を握った人の動きとは明らかに違います。まさに、「身体が覚えている」という言葉が合致します。

それでは、ゴールデンエイジまでにどんな運動を実行すべきなのでしょう。プレゴールデンエイジはまだ論理的に物事を理解することが難しい時期ですので、身体を動かす「楽しさ」を感じさせることが最優先です。走る、跳ぶ、止まる、転がる、回る、逆さになるなど多様な動きを歩幅やタイミングを変えながら経験させることが大切です。ゴールデンエイジに差し掛かると論理的な思考が発達してきます。この時期から本格的な技術の習得に軸足が移ってきます。ですが、筋力的に未成熟ですのでスピードやパワーを要求するのではなく、将来につながる基礎的技術の習得に力を注ぐべきとされています。たしかに、なるべく早い時期により高い専門技術を習得させることで優れたアスリートになると考えがちですが、ゴールデンエイジまでに様々な動きや空間認知能力を身に付けなければ、その後のより高度な専門技術習得に影響をきたし、長い競技人生で考えた場合には低迷するという指摘も多いのです。

いずれにしても、運動神経はある一定の時期に体得しておかなければ、その後取り戻すことができなくなるのは確か。たとえ自分は運動が苦手であっても、子どもに適切な運動環境をつくってあげることで、子どもは得意となる可能性が十分にあるわけです。

幼児期の子どもの運動神経が最も発達する瞬間は「転んだ時」だといわれています。けれど、子どものケガを心配するあまり、転ばせないことを優先するならば、親が子どもの発達を遅らせることになります。危険なことをさせないのではなく、危険でない環境をつくって思う存分転ばせることが、子どもの運動神経の発達に重要なことなのです。「子どもは失敗しながら上達する」ことを理解して我慢強く見守ること、そして転んでも立ち上がる子どもに「よくひとりで立ち上がったね」とほめ言葉を与えられること、この「心の環境づくり」も子どもの成長に不可欠な環境づくりのひとつと言えます。

あとがき

我々はいつも目に見えないものの中で暮らしています。重力、磁力、浮力など、「ある」ことは知っているけれど、その存在を目で見ることはできません。また同様に、「心」も普段は形に現れません。人は目に見えないものが「ある」ことを認識していても、それを「使う」ことはあまり考えません。けれど、試合や審査などのいざという時に、この目に見えないものが結果や出来栄えに大きな影響を与えることはよく知られています。

心理学は「目に見えないものを知る」学問であり、スポーツ心理学や運動心理学といった応用心理学では、さらに「知ったものを状況に合わせてどう使うか」を探求する学問領域だといえます。この目に見えないものをもっと上手に活用することができたら、人は今まではできなかったことを可能にしたり、今までよりスムーズで効率よく課題を達成したりできるようになります。

歴史に残る名だたる剣豪達も、その修行の過程で剣の技術だけでなく、心のあり方の重要性に気づき、実戦で揺るがない心の獲得を目指して日々精進していたのです。その取り組みは、現代心理学の理論や方法論にあまりに合致していることに改めて驚かされます。

私が本書の執筆で目指したことは、単に難解な心理学研究の知識やトピックを示すのではなく、様々なレベルの剣士やアスリートが日々の中で「感じ」、「考え」、「実行」してきたことを心理学の理論と方法論に乗せながら、できるだけ具体的でわかりやすく解説することでした。各稿は、心理学の一テーマと剣道や日常場面とをリンクさせながらストーリー展開することをベースとしています。その中の一フレーズでも心に留まり、明日からの剣道の拠り所となってくれたら著者としてはこの上ない喜びです。

本書は、二〇〇八年七月号から月刊剣道時代のコラムとして連載が始まった「こころの強化書」の第一回から第五十回までを加筆修正したものです。出版にあたって、「こころの強化書」連載開始以来、ずっとお世話になっている剣道時代編集長の小林伸郎氏、挿絵を担当して下さっているイラストレーターの森本浩子さんに深く感謝申し上げます。また毎回、出来上がった原稿を誰よりも早く読まされ（?・）、的確で辛口なコメントをくれた剣道未経験者の妻に改めて感謝の意を表します。ありがとう。

二〇一三年一月

矢野　宏光

心理学 —AQ 逆境指数 , きこ書房 .
36. Ringelmann, M.（1913）. Research on animate sources of power: The work of man. Annales de l’ Instuit National Agronomique, 12: 1-40.
37. Rosenthal, R.（1991）. Essentials of Behavioral Research: Methods and date analysis. The McGraw-Hill Book Co.
38. Seligman, M.E.P. & Maier, S. F.（1967）. : Failure to escape traumatic shock. Journal of Experimental Psychology, 74, 1-9.
39. 島井哲志（編）（1997）健康心理学 , 培風館 .
40. 島井哲志（編）（2006）ポジティブ心理学 21世紀の心理学の可能性 , ナカニシヤ出版 .
41. 杉原　隆（2003）運動指導の心理学 運動学習とモチベーションからの接近 , 大修館書店 .
42. 竹中晃二（2002）健康スポーツの心理学 , 1, 大修館書店 .
43. 徳永幹雄（1996）ベストプレイへのメンタルトレーニング 心理的競技能力の診断と強化 , 大修館書店 .
44. Triplett, N.（1898）. The Dynamogenic Factors in Pacemaking and Competition. American Journal of Psychology, 9, 507-533.
45. Tulving, E.（1972）. Episodic and semantic memory. In E. Tulving & W. Donaldson（Eds.）, Organization of memory, Academic Press.
46. 上田吉一（1988）人間の完成 マスロー心理学研究 , 誠信書房 .
47. Weinberg, R. S., & Gould, D.（1995）. Exercise and psychological well-being. Foundations of sport and exercise psychology. Human Kinetics, pp.361-378.
48. Weiner, B., Frieze, I., Kukla, A., Reed, L., Rest, S., & Rosenbaum. R.M.（1971）. Perceiving the cause of success and failure. General Leaning Press.
49. 矢野宏光（1992）剣道競技選手の競技不安に関する研究 東海大学大学院体育学研究科修士学位論文 .
50. 矢野宏光（1991）剣道競技におけるナショナル・チームの心理状態について 日本武道学会第24回大会研究発表抄録 ,31.
51. Yerkes, R., & Dodson, J.（1908）. The relation of strength of stimulus to rapidity of habit-formation. Journal of Comparative Neurology and Psychology, 18, 459-482.

159-165.
18. 藤野良孝（2008）スポーツオノマトペ なぜ一流選手は「声」を出すのか，株式会社小学館．
19. 春木 豊（編）（1987）心理臨床のノンバーバル―コミュニケーション，川島書店．
20. 日野原重明（2007）いのちのおはなし，講談社．
21. 市村操一（編著）（1993）トップアスリーツのための心理学，同文書院．
22. Jacobson, E. (1929). Progressive Relaxation. University of Chicago Press.
23. ジム・レイヤー（1995）メンタル・タフネス 人生の危機管理，株式会社ティービーエス・ブリタニカ．
24. Kelling, G. L. & Catherine, M. C. (2004)/小宮信夫（訳）割れ窓理論による犯罪防止―コミュニティの安全をどう確保するか―，文化書房博文社，2004.
25. Kerr, R. (1982). Psychomotor Learning. Saunders, Philadelphia, USA.
26. Kohler, W. (1921)/宮 孝一（訳）類人猿の知恵試験，岩波書店，1962.
27. Latane, B., Williams, K. and Harkins, S. (1979). Many hands make light work: the causes and consequences of social loafing, Journal of Personality and Social Psychology 37: 822-32.
28. Lazarus, R. S. & Folkman, S. (1984). Stress, Appraisal, and Coping/本明寛・春木豊・織田正美（監訳）ストレスの心理学，実務教育出版，1991.
29. 中込四郎・岸順治（1991）運動選手のバーンアウト発生機序に関する事例研究，体育学研究，35, 313-323.
30. 中込四郎（編著）土屋裕睦・高橋幸治・高野聡（1994）メンタルトレーニングワークフブック，道和書院．
31. 根上 優（2009）/友添秀則・中村敏雄・清水論（編）武道の伝統的稽古法と儀礼化した暴力，現代スポーツ評論（21）107-113.
32. Norem, J. K., & Cantor, N. (1986). Defensive pessimism: “Harnessing” anxiety as motivation. Journal of Personality and Social Psychology, 52, 1208-1217.
33. ノレム，J. K. (2002)/末宗みどり（訳）ネガティブだからうまくいく，ダイアモンド社．
34. 岡村豊太郎（1987）メンタルプラクティス 松田岩男・杉原 隆編 運動心理学入門，大修館書店．
35. Paul G. Stoltz (1999)/渋谷昌三（訳）すべてが最悪の状況に思えるときの

【引用・参考文献】（アルファベット順）

1. アルバート・バンデューラ（編）（1997）/ 本明　寛・野口京子（監訳）激動社会の中の自己効力 : Self-efficacy in changing societies. 金子書房 .
2. Ash, S. E. (1946). Forming impressions on personality, Journal of Abnormal and Social Psychology, 41; 258-290.
3. Baddeley, A. & Hitch, G. (1974). Working memory. In Bower, G. (ed) The psychology of learning and motivation, vol. 8. Academic Press.
4. Baddeley, A. (2000)/ 苧阪満里子（訳）: 脳のメモ帳 , ワーキングメモリ , 新曜社 , 2002.
5. Bandura, A. (1993). Perceived self-efficacy in cognitive development and functioning. Educational Psychologist, 28(2), 117-148.
6. Bandura, A. (1977). Self-efficacy: Toward a Unifying Theory of Behavioral Change, Psychological Review, Vol. 84, No. 2, 191-215.
7. Bandura, A. (1977)/ 原野広太郎（監訳）: 社会的学習理論―人間理解と教育の基礎 . 金子書房 , 1979.
8. Carron, A. (2002). Cohesion and Performance in Sport: A Meta Analysis. Journal of sport 62 Exercise Psychology, 24, 168-188.
9. チャールズ・ガーフィールド / ハル・ジーナ・ベネット（1998）ピークパフォーマンス , ベースボールマガジン社 .
10. Csikszentmihalyi, M. (1975). Beyond boredom and anxiety. San Francisco: Jossey-Bass. / チクセントミハイ , M. 今村浩明（訳））楽しみの社会学 , 新思索社 , 2000.
11. ダニエル・ゴールマン / 土屋 京子（翻訳）（1998）EQ こころの知能指数 , 講談社 .
12. Ebbinghaus, H. (1885)/ 宇津木保（訳）記憶について , 誠信書房 .
13. 榎本博明 (1998)「自己」の心理学 自分探しの誘い , サイエンス社 .
14. 榎本博明（1999）私の心理学探究　物語としての自己の視点から , 有斐閣選書 .
15. Ericsson, K. A. (1996). The Acquisition of Expert Performance in the Arts and Sciences, Sports, and Games. Mahwah, NJ: Erlbaum, pp.1-50.
16. フランク・ゴーブル / 小川忠彦（監訳）（1972）マズローの心理学 , 産能大学出版部刊 .
17. Freudenberger, H. J. (1974). Staff burnout. Journal of Social Issues, 30,

やの・ひろみつ
1968(昭和43)年　秋田県湯沢市生まれ。

東海大学体育学部武道学科剣道コース卒業。

東海大学大学院修士課程体育学研究科（運動心理学）修了。

名古屋大学大学院博士後期課程教育発達科学研究科（心理学）満期退学。

現在、国立大学法人高知大学教育学部教授。博士（心理学)、修士（体育学)。

スポーツ心理学のスペシャリストとしてさまざまな競技のサポートに取り組むと同時に同大学剣道部監督。また、スウェーデン王国剣道ナショナル・チーム監督（2004～2009）など国際的にも活躍。一貫して「こころ」と「からだ」のつながりに焦点をあてた研究活動を展開。全日本東西対抗剣道大会出場（優秀試合賞１回）など。剣道教士七段。

本番《ほんばん》で差《さ》がつく。剣道《けんどう》のメンタル強化法《きょうかほう》
平成25年３月25日　第１版第１刷発行
令和５年４月25日　第１版第４刷発行

著　者　矢野宏光
発行者　手塚栄司
組　版　株式会社石山組版所
イラスト　森本浩子
編　集　株式会社小林事務所
発行所　株式会社体育とスポーツ出版社
〒135-0016　東京都江東区東陽2-2-20 3F
TEL 03-3291-0911
FAX 03-3293-7750
http://www.taiiku-sports.co.jp
印刷所　三美印刷株式会社

ISBN978-4-88458-249-4　C3075 Printed in Japan

(2025年4月現在)

剣道学、筋トレ学を学ぶ 故に書を読む

体育とスポーツ出版社

図書目録

KEN DO JI DAI

月刊 剣道時代

Monthly Bodybuilding Magazine

ボディビルディング

(株)体育とスポーツ出版社

なんといってもためになる　剣道時代の本

生死の岐路で培われた心を打つ面

面 剣道範士九段楢崎正彦

剣道時代編集部編

A5判並製352頁・定価：2,860円

楢崎正彦範士の面は「楢崎の面」と称され、剣士たちの憧れであり、尊敬の念も込めてそう呼ばれた。人生観、剣道観が凝縮された面ゆえにひとびとの心を打ったのである。その面が生まれた要素のひとつとして戦後、26歳で収監されて約10年にも及ぶ巣鴨プリズンでの獄中生活が大きい。生死の岐路で培った強靱な精神で〝生ききる〟という気持ちを失わなかった。極限な状況にあっても日本人らしく武士道をつらぬいたのだった。楢崎範士がそういう心境になれたのは、巣鴨プリズンで同室となった岡田資中将（大岡昇平『ながい旅』の主人公」との交流が大きかった。楢崎範士の生き方はあなたの剣道観、いや人生観が変わるきっかけにもなるでしょう。とくに楢崎範士を知らない世代が多くなった若い世代に読んでもらいたい。

打たれ上手な人ほど上達がはやい！

剣道は乗って勝つ

岩立三郎 著　B5判並製・定価：1,980円

日本はもとより海外からも多数の剣士が集まる「松風館道場」。その館長岩立三郎範士八段が剣道愛好家に贈る剣道上達のポイント。剣道時代の連載記事と特集記事がまとめられた一冊である。

あなたの人生、剣道を導き支えてくれる本との出合い

礼法・作法なくして剣道なし

剣道の礼法と作法

馬場武典 著

B5判・定価：2,200円

30年前、剣道が礼法・作法による「人づくり」から離れていく風潮を憂い、『剣道礼法と作法』を著した著者が、さらに形骸化する剣道の礼法・作法を嘆き、" 礼法・作法なくして剣道なし " と再び剣道の礼法と作法を取り上げ、真摯に剣道人に訴える

初太刀一本 千本の価値

神の心 剣の心（新装増補改訂版）

森島健男述　乃木神社尚武館道場編

四六判・定価：2,530円

本書は平成10年発行。森島範士（令和3年8月逝去）の剣道哲学の集大成の一冊である。森島範士が剣道人に伝えたかったことと剣道への想いが切々と語られている。復刊にあたり、「日本伝剣道の極意　乗る」「私の好きな言葉」、そして乃木神社尚武館道場の梯正治、坂口竹末両師範の追悼文を加えた新装増補改訂版である。

理に適う剣道を求めて

修養としての剣道

角正武 著

四六判・定価：1,760円

理に適うものを求めることこそが剣道と、生涯修行を旨とする剣道に、如何に取り組むのかをひも解いた書。健全な心身を養い、豊かな人格を磨いて充実した人生に寄与する修養としての道を分かりやすく解説した書

剣道を愛し、読書を愛する剣道時代の本

★ロングセラー本

剣道の極意と左足

小林三留 著

B5判・定価：1,760円

左足が剣道の根幹だ。まずは足腰を鍛え、剣道の土台づくりをすることが大切だ。著者小林三留範士八段が半世紀以上をかけて体得した剣道極意を凝縮した一冊!!

生涯剣道へのいざない 剣道の魅力

山神真一 著

四六判・定価：2,200円

剣道の魅力を様々な視座から追究することを通して、生涯剣道を考える機会をいただき、剣道を改めて見つめ直すことができたことは、私にとって望外な幸せでした。（中略）論を進めるにつれて、生涯剣道にも『守破離』に代表されるプロセスがあることに気づかされました（あとがきより）

剣道昇段審査対策21講

亀井徹 著

B5判・定価：1,760円

著者が剣道家として、選手権者として永年培ってきた経験をもとに、仕事で忙しい市民剣士向けにまとめた昇段審査対策を分かり易く解説。著者は、熊本県警察時代から警察官の指導だけでなく、市民剣士の指導にも携わって来た。剣道は、武術性・競技性・芸術性が必要であるという信念のもとに、強く美しい剣道を実践している。

あなたの人生観・剣道観を変える一冊の本との出合い

読者の感想

「剣の道の楽しさ、おもしろさは人生の後半にあることを教えてもらいました」（50代男性）

「著者の人柄がよく出ており、こうして八段になれたことがわかりました」（40代男性）

「著者の心のつぶやきが漫画を読んでいるみたいで笑いましたが、その裏にはためになることが多く書かれた本だと思います」（60代男性）

「おもしろおかしく書いてありますが、剣道八段に受かる大変さや素晴らしさが分りました」（40代女性）

「剣道をとおした人間ドラマであり、剣道を人生に置き換えると身近なものに感じられました」（50代女性）

「人間味あふれるエピソードの数々。諦めなければ私でも八段になれるかもしれないという希望を抱きました」（60代男性）

～八段までの笑いあり涙なしの合格不合格体験記～

奇跡の合格 剣道八段への軌跡

池澤清豪 著　四六判並製288頁・定価：2,200円

39歳三段リバ剣、65歳八段挑戦、69歳9回目で合格。永遠の若大将を自負する整形外科医が、自ら綴る笑いあり涙なしの合格不合格体験記。

諦めず継続すれば力となって桜咲く。

大いに笑い、感銘、発見することでやる気が生まれる、元気が出てくる、勇気がもらえる。

剣の道を輝かせたいあなたに贈る。おもしろくためになる痛快剣道エッセイ！

「改めて読み直すと沢山の合格のヒントを書いているのに気付きました」（本文より）

この本を読めばあなたも奇跡を起こす!?

- 序に代えて
  親友（心友）と剣道八段は剣道の神様から授かったごほうび
- 第一章◉八段審査1回目の巻
  お互いが相手に尊敬の念を抱くことがお互いの向上になる
- 第二章◉八段審査2回目の巻
  不合格はさわやかに受け入れよう
- 第三章◉八段審査3回目の巻
  次回は審査員の魂を揺さぶる気根で臨むと決意する
- 第四章◉八段審査4回目の巻
  八段は向こうからやって来ない。失敗しても何度でも起き上がって挑戦しよう
- 第五章◉八段審査5回目の巻
  恩師の言葉「目標があれば、いつも青春」を思い出し、また次に向けて頑張るぞ
- 第六章◉八段審査6回目の巻
  八段審査は「わび」「さび」の枯れた剣道では評価されないと再認識する
- 第七章◉八段審査7回目の巻
  努力は報われる。いや報われない努力もあるが、諦めず継続すれば桜咲く
- 第八章◉八段審査8回目の巻
  六・七段合格のゲンの良い名古屋で八段審査会。しかし七転び八転び
- 第九章◉八段審査9回目、そして最終回の巻
  ま、まさかのまさかで八段合格。常日頃、手を合わせていた母。なにかいいことがあると「それは私が祈っていたからよ」
- あとがきに代えて
  親友であり心友であり続ける葛西良紀へ

あなたの人生、剣道を導き支えてくれる本との出合い

良書復刊（オンデマンド版）

あなたは知っているか。師範室で語られた長老の佳話の数々

師範室閑話（新装版）

上牧宏 著　四六判248頁・定価：2,750円

「師範室閑話」は剣道時代に昭和61年8月号から昭和63年12月号にわたって連載。連載中から大いに評判を呼んだ。平成3年、連載当時のタイトルと内容を見直して再構成して単行本として発刊。刊行時、追加収録「桜田余聞」は筆者が歴史探訪中に偶然得た資料による。戦闘の生々しい活写は現代剣道家にとっても参考になるだろう。

【収録項目】

一、全剣連誕生秘話　戦後、剣道は禁止されたが、その暗黒時代を乗り越え、復活に情熱を傾ける人々がいた

二、浮木　一刀流の極意「浮木」とはどんな技か……

三、かすみ　上段に対抗し得る「かすみ」について説く

四、機会と間合　七段、八段の段審査における落とし穴を解明

五、妙義道場 郷土訪問秘話　妙義道場一行が郷里・上州（群馬県）を訪問。道中、持田盛二範士の清廉な人柄を物語るエピソードが……

六、審査員の目　ある地方で老九段が稽古後、静かな口調で話す

七、斎村先生と持田先生の教え　警視庁にも中には癖のある剣士がいた。そこで斎村、持田の両範士はどう指導したか

八、古老の剣談　修道学院（高野佐三郎）と有信館（中山博道）の門閥解消に努力した人

九、ある故人の話を思い出して　荒天の日の尚道館道場。晩年の斎村五郎範士と小野十生範士が余人を交えず剣を合わす

十、小川範士回顧談　剣と禅の大家、小川忠太郎範士は二十代の前半、三十歳で死んでもいいとして、捨て身の修行をする

十一、桜田余聞　桜田門外で井伊大老を襲ったのは、元水戸藩士十七名と元薩摩藩士十一名。其の攻防を活写し、逸話も紹介

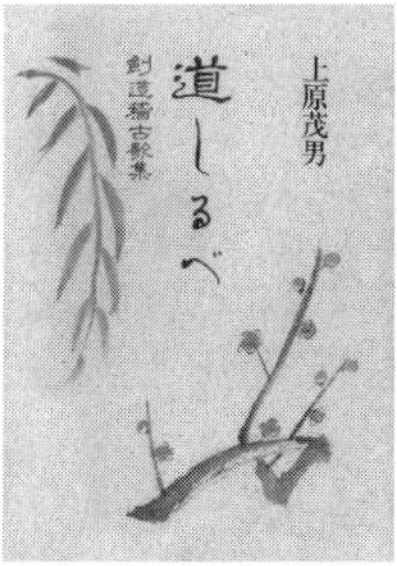

五七五七七調で理解しやすい

剣道稽古歌集 道しるべ

上原茂男 著　A5判176頁・定価：2,750円

本書は剣道時代1987年3月号から2年間にわたって連載されたものをまとめて平成元年に発刊。文武両道、芸術にも通じた上原茂男氏（剣道教士七段）が、岡田道場（館長岡田茂正範士）での修錬の過程で得た教訓を31文字にまとめた短歌約三百首を27項目に分け、その教訓の意味が歌とともに説明されている。含蓄深い道歌と分かりやすい説明文が、各々の剣道観を高めてくれると思います。歌を口ずさめばおのずと身体にしみこんでいくことでしょう。

◆剣道に虚実は非ず常に実 実の中にも虚も有りにけり

面を打つなら面、小手を打つなら小手を攻めるべきで、面を攻めているのは見せかけで、実は小手を打つという虚から実への移りは剣道にはいらない。剣道は実から実でなければならず、面で決めようとして面を打って失敗したら、相手の体勢を見て小手なり胴へいくのである。そして小手が決まったとしたら、その前の面が結果的には虚ということになり、小手が実という具合になる。しかし、あくまでも最初から実で打つことで虚が生まれてくることを忘れてはならない。

なんといってもためになる　剣道時代オススメ居合道の本

2022年2月2日付毎日新聞朝刊「BOOK WATCHING」で紹介

各界のアスリートも経験

おうちで居合道

末岡志保美 著

A5判オールカラー96頁／実技はすべて動画・英訳つき（QR コード）・定価：1,540円

オンライン講座「おうちで居合道」との併用がおススメ！

「居合道に興味があるのですが、道場へ通う時間がなかなか取れなくて……」

「それならおうちで学んでみませんか」

「えっ、道場に通わなくても学べるんですか」

「はい、この本を教材にすればおうちで本格的に学べます。オンライン講座『おうちで居合道』で構築した基礎鍛錬や体さばきなど自主稽古法が豊富に紹介してあります。居合道の新しい学び方が盛りだくさん。実技はすべて動画・英訳つきです」

「なるほど。だからおうちでもできるんですね。できそうな気がしますが、刀はどうするのですか」

「ポリプロピレン製の刀だと数千円程度で買えます。これだと年配の方、お子さんでも安心して行なえます」

「安全でしかもおうち時間を有効に使えそうですね。なにかワクワクしてきました。剣道にも役立ちそうですね」

「はい、きっと剣道にも活かせるでしょう。前述した『おうちで居合道のオンライン講座』もあり、本と併用して学べますよ」

検索「おうちで居合道」（http://ouchideiaido.com/）

こどもの居合道

末岡志保美 著

A5判オールカラー96頁・定価：1,540円

現代に生きる子供たちの力を育む

「こども向けのクラスを開講しませんか」

最初は、大人向けの指導と同じように難しい言葉を使ってしまったり、ひたすら型の稽古をさせてしまったりして、学びに来ている子たちを混乱させてしまった部分もありましたが（笑）。（中略）それらの指導を通じ、多くの子供たちと触れ合う中で、一つの強い疑問が生まれました。〝この子たちが生きていく上で、本当に必要なものはなんだろう？〟（中略）（私は）居合道に出会い日々の稽古を重ねる中で、少しずつ変化をしていきました。悩んだ時に、考えるための基準値というものが出来たのです。（著者「はじめに」より）

姿勢、体幹、集中力、コミュニケーションスキル…。現代を生きる子供たちにとって必要な力を育む伝統武道＝居合道。本書では、それらの力の源となる〝軸〟を身につけることをテーマに、イラストや図解を多く用いながら、子供たちに居合道を分かりやすく楽しく伝えていく。軸の体づくり、実技などは動画つき（QRコード）で解説しており、子供たちだけでなく、親子で一緒に楽しみながら取り組むこともできる、これまでになかった一冊。

なんといってもためになる　剣道時代オススメ居合道の本

☆居合道教本のロングセラー

居合道 その理合と神髄

檀崎友彰 著　四六判並製・定価：3,850円

斯界の最高権威の檀崎友彰居合道範士九段が精魂込めて書き上げた名著を復刻。初伝大森流から中伝長谷川英信流、早抜きの部、奥居合の部など居合道教本の決定版である。

居合道で女子力アップ 凛々しく美しく強く

女子の居合道プログラム

新陰流協会 監修　A5判96頁・定価：1,518円

現代の世相を反映し、女性も強くなることへの関心が高まっている。ぜひ皆さんも新陰流居合道を学び、強く凛々しく美しくなる女子力向上に努めよう。本書が心身両面の強さを身につける道として居合道を学んでいくきっかけとなることを望んでいる。動画（QRコード）で所作・実技が学べる。

剣道人のバイブル 小川忠太郎関連良書

剣禅悟達の小川範士が説く珠玉の講話集

剣道講話（新装版）

小川忠太郎 著　A5判548頁・定価：4,950円

剣と禅の大家であり剣道界の精神的支柱として崇拝された小川範士初めての本格的な著書。3部構成。第一部「剣道講話」で剣道の理念を、第二部「不動智神妙録」で沢庵の名著を、第三部「剣と道」で論語・孟子等の大事な問題をそれぞれ解説。剣道の普遍性を改めて認識できる。★ロングセラー本

持田盛二範士十段—小川忠太郎範士九段

百回稽古（新装版）

小川忠太郎 著　A5判446頁・定価：4,180円

「昭和の剣聖」持田先生や当時の仲間との稽古の内容を小川範士は克明に記録し、絶えざる反省と発憤の糧とした。今その日記を読むと、一打一突に工夫・思索を深めていった修行の過程をたどることができる。

現代に生きる糧　小川忠太郎の遺した魂

刀耕清話

杉山融 著　A5判344頁・定価：2,750円

剣道を通じて人生を豊かなものにしたい人にオススメ。社会人としての私たちにとって大事なことは、剣道の修行を通して、しなやかでしっかりとした自己の確立をしていくこと、すなわち、事に臨んでも揺るがない本体の養成を平素から心掛けていくことにあると思います。（著者「まえがき」より）

剣道およびその他武道関連図書

剣技向上のために
剣道上達の秘訣
中野八十二範士指導
A5判・1,923円

本書は剣技向上をめざす剣士のために、剣道の技術に関するあらゆる要素を洗い出し、その一つ一つについてこの分野における斯界の第一人者である中野範士（九段）に具体的かつ詳細に解説して頂いた。
昭和60年発刊。重版を重ねるロングセラー。

現代剣道の源流「一刀流」のすべてを詳述
一刀流極意(新装版)
笹森順造著 A5判・4,730円

今日、古流の伝書類は各流ともほとんど散逸してしまったが、奇跡的にも日本最大の流派ともいうべき一刀流の極意書が完全な形で残されており、それらをもとに著者が精魂込めて書き上げた決定版である。

正しい剣道の学び方
剣道の手順(オンデマンド版)
佐久間三郎著 B5判・3,520円

「技術編」と「無くて七癖」に分かれ、技術編ではそれぞれのランクに応じた実技を解説。「無くて七癖」ではユニークな発想で、剣道におけるたくさんの癖を列挙し、上達を妨げる諸症状の一つ一つに適切な診断を下す。

剣禅悟達の小川範士が説く珠玉の講話集
剣道講話(新装版)
小川忠太郎著 A5判・4,950円

剣と禅の大家であり剣道界の精神的支柱として崇拝された小川範士初めての本格的な著書。「剣道講話」で剣道の理念を、「不動智神妙録」で沢庵の名著を、「剣と道」で論語・孟子等の大事な問題を解説。

持田盛二範士十段ー小川忠太郎範士九段
百回稽古(新装版)
小川忠太郎著 A5判・4,180円

「昭和の剣聖」持田先生や当時の仲間との稽古の内容を小川範士は毎日克明に記録し、絶えざる反省と発憤の糧とした。今その日誌を読むと、一打一突に工夫・思索を深めていった修行の過程をたどることができる。

現代に生きる糧　小川忠太郎の遺した魂
刀耕清話
杉山 融著　A5判・2,750円

剣道を通じて人生を豊かなものに。小川忠太郎範士九段が遺した崇高なこころを解説。充実した人生の実現に向けた道標となる一冊。

生涯剣道への道しるべ
剣道年代別稽古法(オンデマンド版)
角　正武著　四六判・3,300円

教育剣道を求め続けている著者が、各年代別に留意した稽古法を解説。心身一元的に技を追求する剣道永遠の「文化の薫り」を汲み取る剣道人必携の一冊。

人生訓の数々
剣道いろは論語(オンデマンド版)
井上正孝著　A5判・4,950円

斯界の現役最長老である井上範士が、いろは歌留多の形で先人の金言・格言を解説したもので、剣道家はもちろん剣道に関心を持つ一般大衆にも分かり易く、剣道への理解を深める上で大いに参考になるであろう。

人生に生きる
五輪の書(新装版)
井上正孝著　A5判・1,980円

本書は剣道界きっての論客である井上正孝範士が初めて剣道家のために書き下ろした剣道と人生に生きる「五輪書」の解説書である。

1世紀を超える道場の教えとは
東京修道館剣道教本
中村福義著　B5判・1,780円

私設道場100年以上の歴史を持つ東京修道館。三代にわたり剣道を通して剛健なる青少年育成に努めて多くの優秀な人材を輩出した。その教育方針を三代目中村福義氏が剣道時代誌上で発表したものをまとめた一冊。

昇段審査・剣道指導にもこの一冊！
剣道の法則
堀籠敬蔵著
四六判上製・2,750円

剣を学ぶ　道を学ぶ
それぞれの段位にふさわしい教養を身に付けてほしいものである。お互いがそれぞれの技倆に応じた理論を身に付けることこそ、剣道人として大事なことではないだろうか。　著者「はじめに」より

風が生まれる　光があふれる
天馬よ 剣道宮崎正裕
堂本昭彦著 A5判上製・2,090円

全日本選手権大会６回優勝、うち連覇２回。全国警察官大会６回優勝。世界剣道選手権大会優勝。平成の剣道界に新しい風と光をもたらした宮崎正裕とその同時代に活躍した剣士たちの青春と試合の軌跡をさわやかに描いた剣道実録小説。

剣道およびその他武道関連図書

昇段審査を目指す人必読
剣道　審査員の目 1.2.3
「剣道時代」編集部編
四六判上製・各巻2,200円(第3巻は並製)

剣道範士75人が明かす高段位審査の着眼点と修行の心得とは—。剣道の理想の姿を求める人たちへの指針ともなるシリーズ。あなたはここを見られている！
意外な点に気づかされ、自分の剣道を見つめ直すことも合格へとつながる道となるだろう。

剣道昇段審査合格の秘密
剣道時代編集部編　**(新装版)**
A5判・2,750円

合格率1パーセント。日本最難関の試験に合格した人達はどんな稽古を実践したのか。八段合格者88人の体験記にその秘密があった。

全日本剣道連盟「杖道」写真解説書
改訂　杖道入門
米野光太郎監修、松井健二編著
B5判・3,666円

平成15年に改訂された全剣連杖道解説書に基づいた最新版。豊富な連続写真を元に懇切丁寧な解説付。杖道愛好者必携の書。全国稽古場ガイド付

古流へのいざないとしての
杖道打太刀入門
松井健二著　A5判・2,750円

杖道の打太刀の解説を通して、太刀遣いの基本や古流との相違点を易しく説いた入門書。武道家なら知っておきたい基本極意が満載。

水南老人講話　宮本武蔵
堂本昭彦・石神卓馬著
A5判上製・3,080円

あの武術教員養成所で多くの俊秀を育てた水南楠正位がとくに剣道家のために講義した宮本武蔵。大日本武徳会の明治もあわせて収録した。

小森園正雄剣道口述録　冷暖自知　改題
剣道は面一本(新装版)
大矢　稔編著 A5判・2,200円

「剣道は面一本！その答えは自分で出すものである」元国際武道大学武道学科主任教授小森園範士九段が口述された剣道の妙諦を忠実に記録。

生涯剣道はいがっぺよ
百歳までの剣道
岡村忠典著 四六判上製・2,640円

剣道大好き人間がすすめる生涯剣道のクスリ。「向上しつつ生涯剣道」を続けるための稽古法や呼吸法など従来にはなかった画期的な本。

生涯剣道をもとめて
石原忠美・岡村忠典の剣道歓談
石原忠美・岡村忠典著
四六判上製・2,640円

90歳現役剣士が生涯をかけて体得した剣道の精髄を聞き手名手の岡村氏が引出す。以前に刊行した「円相の風光」を改題、増補改訂版。

生涯錬磨　剣道稽古日誌
倉澤照彦著 A5判上製・3,080円

50歳で剣道八段合格。自分の修行はこれからだと覚悟を固めた著者53歳〜64歳の12年間の稽古反省抄。今は亡き伝説の名剣士も多数登場。

ゼロからわかる木刀による
剣道基本技稽古法(DVD付)
太田忠徳解説　B5判・2,200円

剣道級位審査で導入にされた「木刀による剣道基本技稽古法」。本と動画で指導上のポイントから学び方まで制定に携わった太田範士がわかりやすく解説。DVD付

居合道審査員の目
「剣道時代」編集部編
四六判上製・2,200円

居合道審査員は審査でどこを見て何を求めているか。15人の八段審査員が明かした審査上の着眼点と重要項目。よくわかる昇段への道。

剣道およびその他武道関連図書

剣道時代ブックレット②
悠久剣の道を尋ねて
堀籠敬蔵著　四六判・838円

京都武専に学び、剣道範士九段の著者が剣道生活八十年の総まとめとして日本伝剣道の歩みをまとめた魂の叫び。若き指導者に望むもの。

剣道はこんなに深い
快剣撥雲　豊穣の剣道
（オンデマンド版）
作道正夫著　A5判・2,750円

剣道もわれわれ人間と同様この時代、この社会に生きている。
日常にひそむ剣道の文化性、教育性、社会性を透視し、その意義を問いなおす。
思索する剣道家作道正夫の剣道理論が初めて一冊の本になった。大阪発作道流剣道論。

剣道極意授けます
剣道時代編集部編
B5判・2,475円

10名の剣道八段範士（小林三留、岩立三郎、矢野博志、太田忠徳、小林英雄、有馬光男、渡邊哲也、角正武、忍足功、小坂達明）たちがそっと授ける剣道の極意。教科書や教本には絶対に載っていない剣道の極意をあなたにそっと授けます。

末野栄二の剣道秘訣
末野栄二著 B5判・2,750円

全日本選手権優勝、全剣連設立50周年記念優勝等ながく剣道界で活躍する著者が、自身の優勝体験をもとに伝授する剣道上達の秘訣が凝縮された力作

本番で差が付く
剣道のメンタル強化法
矢野宏光著 四六判・1,760円

実戦で揺るがない心をつくるためのアドバイス。スポーツ心理学者が初めて紐解く、本番（試合・審査）で強くなりたい人のための剣道メンタル強化法。

社会人のための考える剣道
祝 要司著 四六判・1,760円

稽古時間が少ない。トレーニングが出来ない。道場へ行けない。もんもんと地稽古だけ続けている社会人剣士に捧げる待望の一冊。

強くなるための
剣道コンディショニング&トレーニング
齋藤実編著 B5判・2,750円

剣道の試合に勝つ、審査に受かるには準備が必要だ。トレーニング、食事、水分摂取の方法を新進の研究者たちはわかりやすく紹介する。

名手直伝
剣道上達講座1・2・3
剣道時代編集部編
B5判・1,2巻2,475円 3巻1,760円

16人の剣道名手（八段範士）が公開する剣道上達の秘訣。中級者以上はここから基本と応用を見極め、さらなる上達に必須の書。有馬光男、千葉仁、藤原崇郎、忍足功、船津普治、石田利也、東良美、香田郁秀、二子石貴資、谷勝彦ほか

剣道は乗って勝つ
岩立三郎著 B5判・1,980円

日本はもとより海外からも多数の剣士が集まる「松風館道場」。その館長岩立範士八段が剣道愛好家に贈る剣道上達のためのポイント。

剣道特訓これで進化(上)・(下)
剣道時代編集部編
B5判・各巻1,760円

昇段をめざす市民剣士のための稽古読本。多数の剣道カリスマ講師陣たちがいろいろな視点から剣道上達のために役立つ特訓を行なう。

仕事で忙しい人のための
剣道トレーニング(DVD付き)
齋藤　実著 B5判・2,970円

少しの工夫で一回の稽古を充実させる。自宅で出来る簡単トレーニングを中心に剣道上達に役立つストレッチ等の方法を紹介。

全日本剣道選手権者の稽古
剣道時代編集部編
B5判・1,980円

全日本選手権大会優勝をはじめ各種大会で栄冠を手にした４名の剣士たち（高鍋進・寺本将司・原田悟・近本巧）が実践する稽古法を完全収録。

剣道およびその他武道関連図書

勝って打つ剣道

古川和男著

B5判126頁・1,760円

隙があれば打つ。隙がなければ崩して打つ。強くて美しい剣道で定評のある古川和男範士が、勝って打つ剣道を指導する、珠玉の一冊。一足一刀の間合から一拍子で打つ剣道を求めよう

正しく美しい剣道を求める

優美な剣道 出ばな一閃

谷勝彦著

B5判132頁・1,760円

正しく美しい剣道を求めてきた谷勝彦範士。目指した山の頂を一つ超えると、見える景色もまた変わる。常に新たな発見・体験があると信じて挑戦を続けることが剣道だ。これまでの自分の修行から得たものをまとめたのが本書である。本書での二つの大きなテーマは根本的・本質的に別々のものではなく共通点や関連性があるという。

剣道昇段への道筋(上)・(下)

剣道時代編集部編

A5判・各巻2,475円

2007年～2012年の日本最難関の試験である剣道八段審査の合格者の生の体験記から審査合格の法則を学べ！

脳を活性化させる剣道

湯村正仁著

四六判・1,430円

正しい剣道が脳を活性化。免疫力・学力向上・老化予防も高める。その正しい剣道を姿勢、呼吸、心の観点から医師で剣道範士八段の筆者が紐解いて詳解する。

年齢とともに伸びていく剣道

林　邦夫著

A5判・2,200円

質的転換を心がければ、剣道は何歳になっても強くなれる。年齢を重ねてもなお最高のパフォーマンスを発揮するための方法を紐解く。

詩集 剣道みちすがら

国見修二著

A5判・1,375円

剣道を愛する詩人・国見修二が詩のテーマにはならないと思われていた剣道をテーマに綴った四十篇の詩。これは正に剣道の指南書だ！

剣道 強豪高校の稽古

剣道時代編集部編

B5判・2,200円

九州学院、水戸葵陵、明豊、本庄第一、高千穂、奈良大付属、島原の7校の稽古が事細かく写真と共に紹介されている。

剣道 強豪大学の稽古

剣道時代編集部編

B5判・1,760円

学生日本一に輝いた国士舘大学、筑波大学、鹿屋体育大学、大阪体育大学の4校の稽古を連続写真であますところなく紹介。映像を見るならDVDも発売中（定価・4,950円）

オススメ図書

あの王貞治、高倉健も学んだ羽賀剣道の気攻めと手の内

昭和の鬼才 羽賀準一の剣道

卯木照邦著

B5判並製・1,760円

羽賀準一の剣道は気迫・気位で脳髄・内臓を圧迫することだった。年を重ねても気を高めることができると考えていた。著者は学生時代から羽賀準一に師事し、現在一剣会羽賀道場三代目会長として羽賀精神の継承に努めている。

特製函入り　永久保存版

徳江正之写真集
「剣道・伝説の京都大会(昭和)」

A4判・7,700円　(オンデマンド版)

初の京都大会写真集。剣道を愛した写真家徳江正之が寡黙に撮り続けた京都大会の記録。なつかしい昭和のあの風景この人物、伝説の立合がいまよみがえる。

208ページ　(2017年4月発行)

コーチングこんなときどうする?

高畑好秀著

A5判・1,760円

『いまどきの選手』があなたの指導を待っている。困った状況を解決する30の指導法を具体的な事例で実際の打開策を提示、解説する。　(2017年11月発行)

剣道「先師からの伝言」(上)・(下)

矢野博志著

B5判・各巻1,430円

60年の長きにわたって修行を続ける矢野博志範士八段が、先師から習得した心技体をあきらかにし、その貴重な伝言をいま語り継ぐ。　(2017年11月発行)

剣道 心の鍛え方

矢野宏光著

四六判・1,760円

大好評の『剣道のメンタル強化法』に次ぐ、著者の剣道メンタル強化法第2弾。パフォーマンス発揮のための心理的課題の改善に向けた具体的な取組方法をアドバイスする。　(2018年4月発行)

オススメ図書

心を打つ剣道

石渡康二著

A5判・2,750円

自分らしい「心を打つ剣道」すなわち勝敗や強弱ではなく真・善・美を共感する剣道に近づくための、七つの知恵を紹介する。（2018年７月発行）

心に響け剣の声

村嶋恒徳著

A5判・3,300円

組織で働く人は利益をめざすため顧客と対峙して戦略・戦術に従って、機を見て打ち込んでいく。剣道の本当の修錬の姿は、正にビジネスにおけるマーケティングの理想と同じであり、道の中で利益を出すことを理想とする、この剣道の考え方を働くリーダーのために著者が書き下ろした魂の作品。（2025年1月発行）

二人の武人が現代人に伝える真理

柳生十兵衛と千葉真一

小山将生著（新陰流協会代表師範）

A5判・1,540円

新陰流を通じて千葉真一氏と親しく交流していた著者が、なぜ千葉氏が柳生十兵衛を敬愛していた理由を説き明かす。

剣道修錬の着眼点

濱﨑満著

B5判・1,760円

剣道は生涯剣道といわれるように終わりがない。生涯にわたり追求すべき素晴らしい伝統文化としての剣道。その剣道修錬の着眼点とは。（2018年11月発行）

筋トレが救った癌との命がけの戦い

吉賀賢人著

A5判・1,980円

ボディビルダーに突然襲った癌の宣告。抗がん剤も放射線も効かない稀少癌。その元ボディビルチャンピオン『吉賀賢人』の癌との戦いの記録。

（2019年１月発行）

武道名著復刻シリーズ（オンデマンド版）

剣法至極詳伝
木下壽徳著
大正２年発行／四六判・3,080円

東京帝国大学剣道師範をつとめた木下翁の著になる近代剣道史上の名著を復刻。初歩から奥義に至る次第を五七調の歌に託し、道歌の一つ一つに解説がつけられている。

剣道秘要
宮本武蔵著　三橋鑑一郎註
明治42年発行／四六判・2,750円

2003年大河ドラマ関連本。武蔵が体得した勝負の理論を試合や稽古に生かしたい人、武蔵研究の材料を求めている人など、武蔵と「五輪書」に興味を持つ人におすすめしたい良書。

二刀流を語る
吉田精顕著
昭和16年発行／四六判・3,080円

武蔵の二刀流を真正面から取り上げた異色の書。二刀の持ち方から構え方、打ち方、受け方、身体の動作などの技術面はもちろん、心理面に至るまで解説された二刀流指南書。

日本剣道と西洋剣技
中山博道・善道共著
昭和12年発行／四六判・3,520円

剣道に関する書物は多数発行されているが、西洋剣技と比較対照した著述は、恐らく本書が唯一のものと言える。剣道の概要について外国人が読むことを考慮して平易に書かれている。

剣道手引草
中山博道著
大正12年発行／四六判・1,980円

剣道・居合道・杖道合わせて三道範士だった著者の門下からは多数の俊才が巣立ち、我が国剣道界に一大剣脈を形成した。その教えについて平易に解説した手引書。

剣道の発達
下川 潮著
大正14年発行／四六判・4,620円

下川氏ははじめ二天一流を学び、その後無刀流を学ぶかたわら西洋史を修め、京都帝大に入り武道史を研究した結果、本書を卒論として著作した。後世への遺著として本書が発行された。

剣道指南
小澤愛次郎著
昭和３年発行／四六判・3,300円

初版が発売されるや爆発的な評判となり、版を重ねること20数版という剣道の書物では空前のベストセラーとなった。附録に近世の剣士34人の小伝及び逸話が収録されている。

皇国剣道史
小澤愛次郎著
昭和19年発行／四六判・3,300円

剣道の歴史について詳述した書物は意外に少なく、古今を問わず技術書が圧倒的に多い。その点、神代から現代までの各時代における剣道界の動きを説いた本書は一読の価値あり。

剣道修行
亀山文之輔著
昭和７年発行／四六判・3,300円

昭和７年発行の名著を復刻。教育の現場で剣道指導に携わってきた著者が剣道修得の方法をわかりやすく解説している。

剣道神髄と指導法詳説
谷田左一著　高野茂義校閲
昭和10年発行／四六判・5,280円

668頁にも及ぶ大書であり、剣道に関するいろいろな項目を広範囲にとらえ編纂されている不朽の名著をオンデマンド復刻した。今なお評価の高い一冊である。

武道名著復刻シリーズ（オンデマンド版）

剣道講話
堀田捨次郎著
昭和10年発行／四六判・3,630円

昭和４年に天覧試合に出場したのを記念して執筆、編纂したもの。著者は数多くの剣道書を残しているが、本書はその決定版ともいえる一冊である。

剣道新手引
堀田捨次郎著
昭和12年発行／四六判・2,860円

昭和12年初版、13年に再版発行した名著を復刻。警視庁武道師範の著者が学校・警察・社会体育等の場で教育的に剣道を指導する人たちに贈る手引書。

千葉周作遺稿
千葉榮一郎編
昭和17年発行／四六判・3,630円

昭和17年発行の名著を復刻。
剣法秘訣」「北辰一刀流兵法目録」などを収録したロングセラー。

剣道極意
堀田捨次郎著
大正７年発行／四六判・3,740円

剣道の根本理念、わざと心の関係、修養の指針などを理論的に述べ、剣道の妙締をわかりやすく説明している。大正中期の発行だが、文章も平易で漢字は全てふりがな付きで、中・高校生でも読むことができる。

剣道時代ライブラリー
居合道　－その理合と神髄－
檀崎友彰著
昭和63年発行／四六判・3,850円

斯界の最高権威が精魂込めて書き上げた名著を復刻。初伝大森流から中伝長谷川英信流、早抜の部、奥居合の部など居合道教本の決定版。

剣道時代ライブラリー
剣道の学び方
佐藤忠三著
昭和54年発行／四六判・2,420円

32歳で武道専門学校教授、のちに剣道範士九段となった著者が、何のために剣道を学ぶのか、初心者でもわかるように解説した名著を復刻。

剣道時代ライブラリー
私の剣道修行　第一巻・第二巻
「剣道時代」編集部編
第一巻　昭和60年発行／四六判・5,280円
第二巻　昭和61年発行／四六判・7,150円

我が国剣道界最高峰の先生方48名が語る修行談。各先生方のそれぞれ異なった血の滲むような修行のお話が適切なアドバイスになるだろう。先生方のお話を出来るだけ生のかたちで収録したため、一人ひとりに語りかけるような感じになっている。

剣道時代ライブラリー
帝国剣道教本
小川金之助著
昭和７年発行／四六判・3,080円

武専教授・小川金之助範士十段の良書を復刻!!
昭和６年４月、剣道が中等学校の必須科目となった。本書は、その中等学校の生徒に教えるために作られた教科書であり、良書として当時広く読まれていた。

スポーツ関連およびその他オススメ図書

スポーツで知る、人を動かす言葉

スポーツと言葉

西田善夫著 B6判・1,047円

元 NHK スポーツアナウンサーの著者が高校野球の名監督・木内幸男氏を中心にイチロー、有森裕子らの名選手の言葉と会話術に迫る。(2003年12月発行)

対談・現代社会に「侍」を活かす小池一夫術

不滅の侍伝説『子連れ狼』

小池一夫・多田容子共著 四六判・1,650円

名作『子連れ狼』で描かれる「侍の魅力」について、原作者小池一夫氏が女流時代小説家多田容子氏と対談。侍ブームの今、注目の書。(2004年8月発行)

殺陣武術指導**林邦史朗**

特別対談／役者・緒形拳 × 殺陣師・林邦史朗

男二人お互いの人生に感ずる意気

林邦史朗著 四六判上製・1,760円

大河ドラマ殺陣師として知られる林邦史朗氏が殺陣の見所や作り方を紹介。さらに終章で殺陣が持つ魅力を役者緒形拳氏とともに語っていく。(2004年12月発行)

北京へ向けた０からのスタート

井上康生が負けた日

柳川悠二著 四六判・1,320円

日本中が驚いたアテネ五輪での「本命」、柔道井上康生の敗北理由を彼の父であり師でもある井上明氏への密着取材から導いていく。(2004年12月発行)

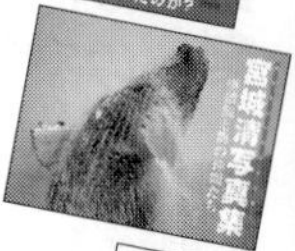

座頭鯨と海の仲間たち 宮城清写真集

宮城 清著 B5判・1,980円

沖縄慶良間の海に展開するザトウクジラを撮り続けて20年。慶良間の海で育ったカメラマン宮城清が集大成として上梓する渾身の一冊。(2005年12月発行)

定説の誤りを正す

宮本武蔵正伝

森田　栄著 A5判・3,850円

今までいくつの武蔵伝が出版されてきたであろう。著者があらゆる方面の資料を分析した結果解明された本当の武蔵正伝。(2014年10月発行)

自転車旅のすすめ

のぐちやすお著 A5判・1,760円

サイクリングの魅力にとりつかれ、年少時の虚弱体質を克服。１９８１年以来、世界中を計４３万キロ走破。その著者がすすめる自転車旅。(2016年７月発行)

スポーツ関連およびその他オススメ図書

勝負を決する！ スポーツ心理の法則

高畑好秀著 四六判・1,760円

心を強く鍛え、選手をその気にさせる18のメンタルトレーニングを「なぜ、それが必要なのか」というところから説き起こして解説。(2012年1月発行)

もっとその気にさせるコーチング術

高畑好秀著 四六判・1,760円

選手と指導者のためのスポーツ心理学活用法。選手の実力を引出す32の実戦的方法。具体例、実践アドバイス、図解で選手が変わる！(2012年9月発行)

スポーツ傷害とリハビリテーション

小山 郁著 四六判・1,980円

スポーツで起こりやすい外傷・障害についてわかりやすく解説。重症度と時間経過に応じた実戦的なリハビリプログラム40。(2013年12月発行)

チーム力を高める36の練習法

高畑好秀著 A5判・1,760円

本番で全員が実力を出しきるための組織づくり。チーム力アップに必要なユニークな実践練習メニューを紹介。楽しみながらスキルアップ。(2014年4月発行)

やってはいけないコーチング

高畑好秀著 四六判・1,760円

ダメなコーチにならないための33の教えをわかりやすくレクチャー。好評の「もっとその気にさせるコーチング術」に続く著者第3弾。(2015年3月発行)

女子選手のコーチング

八ッ橋賀子著 A5判・1,760円

今や目を見張る各スポーツ界における女子選手の活躍。経験から養った「女子選手の力を100%引き出すためのコーチング術」を伝授。(2015年7月発行)

野球こんなときどうする？

高畑好秀著 A5判・1,760円

野球の試合や練習中に直面しそうなピンチの場面を30シーン取り上げて、その対処法と練習法を教えます。自分でできるメンタル調整法。(2016年1月発行)

選手に寄り添うコーチング

八ッ橋賀子著 A5判・1,760円

著者、八ッ橋賀子のコーチング第二弾！　メンタルトレーナーの著者が、いまどきの選手をその気にさせ、良い結果を得るために必要な選手に寄り添うコーチング術を伝授する。(2017年３月発行)

ボディビルディングおよびウエイトトレーニング関連図書

ポイント整理で学ぶ実践・指導のマニュアル
競技スポーツのためのウエイトトレーニング
有賀誠司著　B5判・3,300円

ウエイトトレーニングが競技力向上や傷害事故の予防に必須であるという認知度が上がってきている中、指導者に問われる基礎項目はもちろん、各部位別のトレーニングのテクニックを約600点におよぶ写真付きで詳しく解説している。

ボディビルダー必読、究極の筋肉を作り上げる
ボディビルハンドブック
クリス・アセート著 A5判・1,980円

ボディビルダーにとってトレーニングと栄養学についての知識は必須のものであるが、その正しい知識を身に付け是非ともその努力に見合った最大限の効果をこの一冊から得てほしい。又ストレングスの向上をめざすトレーニーにもお勧めである。

すぐに役立つ健康と体力づくりのための
栄養学ハンドブック
クリス・アセート著 A5判・1,980円

我々の身体は日々の食事からつくられている。そして、その身体を正常に機能させるにはさまざまな栄養素が必要である。その一方で、最近は栄養の摂りすぎ又バランスのくずれが大きな問題となっている。では、どのようなものをどのくらい食べればよいか、本書が答えてくれる。

トレーニングの歴史がこの一冊でわかる
私のウェイトトレーニング50年
窪田 登著 A5判上製函入・8,905円

ウエイトトレーニングの先駆者である窪田登氏が自ら歩んできた道程を書き綴った自叙伝に加え、ウエイトトレーニングの歴史、そこに名を残す力技師たちなどが紹介されている。ウエイトトレーニング愛好者なら必ず手元に置いておきたい一冊。

パワーリフティングの初歩から高度テクまで
パワーリフティング入門
吉田　進著　B5判・1,620円

スクワット、ベンチプレス、デッドリフトの挙上重量のトータルを競うパワーリフティング。強くなるためには、ただ重いものを挙げれば良いというものではない。そこには科学的で合理的なアプローチが存在する。その方法が基礎から学べる一冊。

トップビルダーの鮮烈写真集
BODYBUILDERS
岡部充撮影　直販限定本(書店からは不可)
A4判上製・特価2,989円(カバーに少し汚れ)

80年代から90年代にかけて活躍した海外のトップビルダーたちが勢ぞろいした贅沢な写真集。リー・ヘイニー、ショーン・レイ、ビンス・テイラー、ティエリー・パステル、ロン・ラブ、ミロス・シャシブ、リッチ・ギャスパリ、フレックス・ウィラー他

スポーツマンのための
サプルメントバイブル(新装版)
吉見正美著　B5判・2,090円

日本でも最近スポーツ選手を中心に大いに注目されるようになったサプルメント。それは通常の食事からは摂りきれない各種の栄養を補う栄養補助食品のこと。本書は種類およびその使用方法から適切な摂取量などにわたり、すぐに役立つ情報が満載。

初心者でも一人で学べる
部位別ウエイトトレーニング
小沼敏雄監修　B5判・1,650円
(85、87 ～ 99年日本ボディビル選手権チャンピオン)

ウエイトトレーニングを始めたい、でもスポーツジムへ行くのは嫌だし身近に教えてくれる人もいない。この本は各筋肉部位別にエクササイズを紹介し、基本動作から呼吸法、注意点等を分かりやすく解説しているので、これからウエイトトレーニングを始めたい人にも是非おすすめしたい一冊。

ボディビルディングおよびウエイトトレーニング関連図書

理論と実践で100%成功するダイエット
ダイエットは科学だ
クリス・アセート著
A5判1,430円

この本を読み切る事は少々困難かもしれない。しかし、ダイエット法はすでに学問であり科学である。そのノウハウを修得しなければ成功はあり得ない。だが、一度そのノウハウを身に付けてしまえばあなたは永遠に理想のボディを手に入れることができる。

日本ボディビル連盟創立50周年記念
日本ボディビル連盟50年の歩み
50年史編纂委員会編集
A4判・2,750円

敗戦の混乱の中、ボディビルによって明るく力強い日本の復興を夢みた男たちの活動が、JBBFの原点だった。以来数々の試練を乗り越えて日本オリンピック委員会に正式加盟するに至る激動の歴史を、各種の大会の歴史とともに網羅した、資料価値の高いビルダー必携の記念誌。

スポーツトレーナーが指導している
これが正しい筋力トレーニングだ！
21世紀筋力トレーニングアカデミー著
B5判・1,572円

経験豊富なスポーツトレーナーが、科学的データを駆使して解説する筋力トレーニングの指導書。競技能力を高めたいアスリート必見！「特筆すべきは、トレーニングの基礎理論と具体的方法が研究者の視線ではなく、現場指導の視線で捉えられている」（推薦文・石井直方氏）

筋力トレーニング法100年史
窪田 登著　B6判・1,100円

80年代発刊の名書に大幅に加筆、訂正を加え復刻させた待望の一冊。ウェイトトレーニングの変遷を写真とともに分かりやすく解説。

スポーツトレーナー必読！
競技スポーツ別
ウェイトトレーニングマニュアル
有賀誠司著　B5判・1,650円

筋力トレーニングのパフォーマンス向上の為に競技スポーツ別に解説する他、走る・投げる・打つ等の動作別にもくわしく解説している。

続・パワーリフティング入門
吉田 進著　B5判・2,090円

現在発売中の『パワーリフティング入門』の続編。中味をさらにステップアップさせた内容となり、より強くなりたい方必読の一冊。

ベンチプレス 基礎から実践
東坂康司著　B5判・2,860円

ベンチプレスの基本事項ならびに実際にトレーニングを行う上での重要ポイントを分かりやすく具体的に解説。ベンチプレス本初の出版。

ベンチプレス フォームと補助種目
東坂康司著　B5判・1,980円

大好評のシリーズ第１巻「基礎から実践」に引続いて、個別フォームの方法やベンチプレス強化の上でも効果のある補助種目を詳細に解説。

究極のトレーニングバイブル
小川 淳著　B5判・1,650円

肉体と精神　究極のメンタルトレーニングであるヘビーデューティマインドこそ、ウエイトトレーニングに悩む多くの競技者の一助になる一冊である。

アスリートのための
分子栄養学
星 真理著　B5判・2,343円

人それぞれで必要な栄養量は大きく違うはずである。本書では、分子栄養学的に見た栄養と体の働きの深い関わりを分かりやすく解説。

お申し込み方法

[雑誌定期購読]　**ー送料サービスー**

(年間購読料)　**剣道時代**　11,760円(税10%込)

ボディビルディング　13,200円(税10%込)

TEL、FAX、Eメールにて「○月号より定期購読」とお申込み下さい。後ほど口座振替依頼書を送付し、ご指定の口座から引落しをいたします。（郵便振替による申込みも可）

[バックナンバー注文]

ご希望のバックナンバーの在庫の有無をご確認の上、購入金額に送料を加え、郵便振替か現金書留にてお申込み下さい。なお、最寄りの書店での注文も出来ます。(送料) 1冊150円、2冊以上450円

[書籍・DVD等注文]

最寄りの書店、もしくは直接当社(電話・FAX・Eメール)へご注文ください。

当社へご注文の際は書名(商品名)、冊数(本数)、住所、氏名、電話番号をご記入ください。郵便振替用紙・現金書留でお申し込みの場合は購入金額に送料を加えた金額になります。一緒に複数の商品をご購入の場合は1回分の送料で結構です。

(代引方式)

TEL、FAX、Eメールにてお申込み下さい。

● 送料と代引手数料が2024年4月1日より次のように改定されました。なにとぞご理解のほどよろしくお願い申し上げます。
送料(1回につき)**450円**　代引手数料**350円**

[インターネットによる注文]

当社ホームページより要領に従いお申込み下さい。

体育とスポーツ出版社　検索

※表示価格は税込　※クレジットカード決済可能(国内のみ)

(株)体育とスポーツ出版社

〒135-0016　東京都江東区東陽2-2-20 3F

[営業・広告部]

TEL 03-6660-3131　FAX 03-6660-3132

Eメール　eigyobu-taiiku-sports@thinkgroup.co.jp

郵便振替口座番号　00100−7−25587　体育とスポーツ出版社

[剣道時代編集部]

〒101-0065　東京都千代田区西神田2-4-6宮川ビル2F

TEL 03-6265-6554　FAX 03-6265-6553

[ボディビルディング編集部]

〒179-0071　東京都練馬区旭町3-24-16-102

TEL 03-5904-5583　FAX 03-5904-5584